JN229100

世界標準の
資産の
増やし方

豊かに生きるための
投資の大原則

河北博光〔著〕

花輪陽子〔執筆協力〕

東洋経済新報社

はじめに

「インフレで日本円の価値が目減りしたらどうしよう」
「年金だけで老後まで豊かな生活が送れるのか不安」

　新 NISA が始まり、日経平均株価が史上最高値を超え、いよいよ「貯蓄から投資へ」の流れが加速しようとしています。しかし、そんな中でも、自分は株式市場の上昇とは無縁で、老後や日々の生活が心配という声もよく聞きます。また、このような上昇相場は異常で、いつか泡のように弾けてしまうのではないか、という不安を抱えている方も多いでしょう。

　この本は、デフレからインフレへの大転換に向かっている日本で、将来の生活力を維持し、豊かに生き抜くために世界標準の資産形成の方法をお伝えする本です。世界ではインフレ率を超える運用はスタンダードであり、日本のように恵まれた社会保険制度がない国もたくさんあります。それでも、早期から資産形成をすることで老後生活に十分な財を成し、豊かに生活をしている方が海外には多くいるのです。

　まず、私のファンドマネージャーとしての経験をお伝えさせてください。

　私は約 30 年、日本株ファンドマネージャーの仕事を追求してきました。学生時代から現代ポートフォリオ理論を専攻し、新卒で日本生命保険相互会社の運用部門に所属し、ニッセイ投資顧問株式会社（現ニッセイアセットマネジメント株式会社）に異動。当時、派遣されたボストンのパトナム・インベストメンツ（1937 年設立のグローバル資産運用会社）では、バラエティーに富んだアメリカ人の運用者たちと出会い、メンターであるスティーブン・

デクスターからは多くのことを学びました。

　彼は確率に従って計算しつくした上で市場にアウトパフォームしやすい形を作り、統計的に有意に勝てる回数投資判断を行うというスタイルで運用もしていました。また、間違いを発見すると、柔軟にその形を修正することができる人でした。リーマンショックの直前にアメリカの大手証券会社であるベアー・スターンズの問題が起きた時に、彼はリセッションを予測し、多くのポジションを現金化させ、運用ルールの範囲内で可能な限りディフェンシブなポートフォリオを作りました。

　結果的に大暴落の時でも大きな超過収益を上げることができたのです。また、私は彼の手法を日本に輸入し、リーマンショックで傷ついていたファンドを再生させ、その後5年間安定的に超過収益を得ることに成功しました。多くの方が苦戦を強いられたリーマンショックでは、下げ相場でも上げ相場でも、結果的に超過収益を得られた数少ないファンドの1つとなることもできたのです。

　また、シンガポールでは、ゲイツ財団やAP2（スウェーデンの公的年金運用ファンド）など世界的なアセットオーナーを顧客に持つ独立系運用会社であるAPSアセット・マネジメントで日本株のCIO（首席投資責任者）に就き、2017年にはマーサーのパフォーマンス調査において海外投資家による日本株運用で世界1位となりました。集中投資で無駄な銘柄を一切入れないというスタイルで、私が当初選んだ20数銘柄の中にAPS時代の3年間における東証の値上がり率ランキング上位銘柄が複数入っていたという幸運にも恵まれました。情報過多の日本から離れることで、海外から日本マーケットを一歩離れて俯瞰することや、海外企業と会合をすることで、日本企業を別の角度から見ることの重要性を改めて感じた期間でもありました。

　新型コロナウイルス感染症の影響で日本に戻ってからは、独立系のヘッジファンドのプラットフォームであるユナイテッド・マネージャーズ・ジャパ

ン株式会社で、自分自身でファンドを立ち上げました。ファンドを立ち上げるには運用以外の仕事もあり、運用以外に割く労力が大きいと感じた時期もありました。日本で、自分自身のファンドを立ち上げることに挑戦をする方が少ないのは、このような理由もあるからでしょう。私は日本の大手運用会社、外国の運用会社、自分のファンドと様々な環境での経験を積みました。その間に、海外顧客との対話の中から培った世界標準の資産運用の考え方を、日本に住んでいる皆さんにお伝えしたいと思います。

　また、海外から戻って再認識した日本の良さとして、急速に日本企業が企業価値の向上に積極的になっていることを挙げることができます。例えば、コーポレートガバナンス、株主還元、アクティビストへの対応、経営者の世代交代などです。私は日本企業の価値が上がるのはむしろこれからだと信じています。当然、企業価値が上がれば、適正な株価が付いている場合、株価は上昇します。もちろん株式なので、短期・中期での下落はあるものの、年率8％の上昇ができたとすれば、2030年代半ばに日経平均株価が10万円を超えているということは十分にあり得る話なのです。したがって、日本企業への投資は有効で、その恩恵は地の利もある日本人に是非享受して欲しいと願っています。

　「でも、私はあなたのように、投資のプロではないので、資産運用ができるか不安だ」
　「海外旅行に行かないから、外国のことは関係ない」
　「仕事が忙しいから資産運用に取り組めない」
　「株式市場が突然、大暴落したら怖い」

　そう思われる方もいるかもしれません。資産運用を始める上で、「なんだか難しそうだし、面倒くさそう」というのはハードルになるでしょう。しか

し、何もしないでお金の問題を放置していると、老後生活費が足りなくなるという問題に直面するリスクがあります。海外旅行に行かない方も、今、日本で生活をしているだけで、ガソリンや輸入品の値上がりなどに苦しめられた経験をしているはずです。しかし、資産運用をして、株高や不動産高の恩恵をしっかりと受けている方は、物価の値上がり以上に保有資産が上昇し、よりよい暮らしを実際に送っているのです。

　本書では私の運用哲学や思考法を学生や年金生活をされている方々にも分かりやすく、楽に運用ができる方法に絞ってお伝えします。プロ投資家がやるような難しい手法は一切ありません。また、多くの方から相談を受ける「いつか来るかもしれない大暴落」で大きな被害を受けないように、日頃からの資産運用で気をつけるべきことについても言及しています。

　私自身も仕事に忙殺され自分の資産運用を放置しがちです。そんなズボラな方でも、新 NISA を使って、毎月自動的に積立、老後資金を形成する方法なら、楽に継続させることができます。

　皆さんには、早期から正しい資産運用とライフプランニングを身につけて、時間を味方につけ、豊かになっていただきたいと思います。お金の心配がなくなれば、少なくとも人生の選択肢が広がり、その後の生活が楽になります。

　第１章では、日本で行われている資産運用が場当たり的で、個人のライフプランやインフレに対応をした世界標準の資産運用といかにかけ離れているのかをお伝えします。シンガポール在住、FP（ファイナンシャルプランナー）の花輪陽子さんに事例を出していただき、花輪さんと一緒にこの章をまとめました。

　第２章と第３章では、世界標準の資産運用の思考法を６つのポイントから解説します。海外ではインフレが運用の大前提になっています。日本では運用は儲けるための「投機」と思われていますが、海外では資産を守るために

必須な「投資」として捉えられています。資産を適切に管理するための投資はそれほど複雑ではありません。誰でもできる資産管理と、私の思考法をまとめました。

　第4章では、新 NISA 時代の老後の資産形成のポイントをお伝えします。新 NISA の年間投資枠に人気の投資信託をどんどん入れていく方法に潜むリスクについても触れています。また、インフレを前提とした人生設計やキャッシュフローシミュレーションが日本ではほとんどないのですが、本書ではインフレ前提で老後資産の守り方を解説しています。FP の花輪さんに年代別の事例やライフプランを出していただき、この章を一緒にまとめました。

　本書を読み、少しでも「老後の不安が解消された」「資産運用での迷いが小さくなった」「将来の目標や人生設計がより明確になった」と言っていただけるのが何よりも嬉しいです。老後も明るく、幸福で豊かな人生を送り続けるために、今すぐお金に向き合い、小さな行動を起こしましょう。

目　次

第2章　インフレ時代に不可欠な「投資力」
――日本人はもっと豊かになれる

1 これからの世界になぜ投資が必要か？

第3章 資産運用の基本
──分散して長期で投資する

2　なぜ資産を守るために資産運用が必要なのか　　95

3　投資の実践

第4章　新NISA時代の投資のポイント
——資産形成の一部として、新NISAをどう使うか

第 1 章

世界標準のお金に関する考え方
——なぜアメリカ人やスイス人はお金持ちなのか

1 日本人の資産形成・資産運用に対する考え方は 世界標準から見ると異質

1 世界でも突出して貯金が大好きな日本人

　日本人は貯金が大好きな国民です。「お金を減らしたくない」「万一の時に備えておきたい」という気持ちがとても強い人が多いと感じます。働いて稼いだお金を好きなことに使ったり、投資に回したりするよりも、貯める方が正しいという教育を社会から刷り込まれてきたこともあります。

　戦後に国を復興させるために預貯金を推奨した制度も高度経済成長期に国民の貯蓄率向上に一定の役割を果たしました。預貯金を奨励する政策の1つが、少額貯蓄非課税制度（マル優）でした。預貯金や国債などの利子が一定額まで非課税になるという制度で、現在は一部の対象者を除いて制度が廃止されています。時代が変わり、NISA（ニーサ・少額投資非課税制度）という国民の投資による資産形成を助けるための制度が運用されるようになりました。これは、貯蓄から投資へというスローガンを、制度面でもしっかりと担保したという意味で、画期的です。

　日本人の貯金好きはデータでも裏付けがあります。主要国の金融資産のうちの現金預金の割合を見ると、日本は54.1％と現金の割合が高い国だと分かります。ドイツも現金預金の割合は42.8％と高く、続いてスイス31.4％、スウェーデン14.4％、米国13.4％などです（図表1-1）。米国は現金預金の割合は低いですが、株式投資や投資信託の割合が高くなっています。つまり、

資産を貯める意識がなく、旺盛な消費文化の結果、預金が少ないという理由だけではありません。これは、米国が投資をする際に様々な税制優遇を受けることができる環境も金融資産の構成が異なる大きな理由として考えられます。日本でも出遅れたものの、新NISAの非課税限度額の拡大によって制度が整えられたことで、預貯金から投資への割合が変わる可能性もあります。

　日本人が金融資産を保有する目的としては、「老後の生活資金」「子供の教育資金」「病気や不時の災害への備え」といった中長期的な目標が動機となっています。また、「特に目的はないが、金融資産を保有していれば安心」となんとなく貯めている方も多いようです（金融広報中央委員会「家計の金融行動に関する世論調査［二人以上世帯調査］（令和3年)」）。

図表1-1　OECD 家計金融資産に占める現金比率

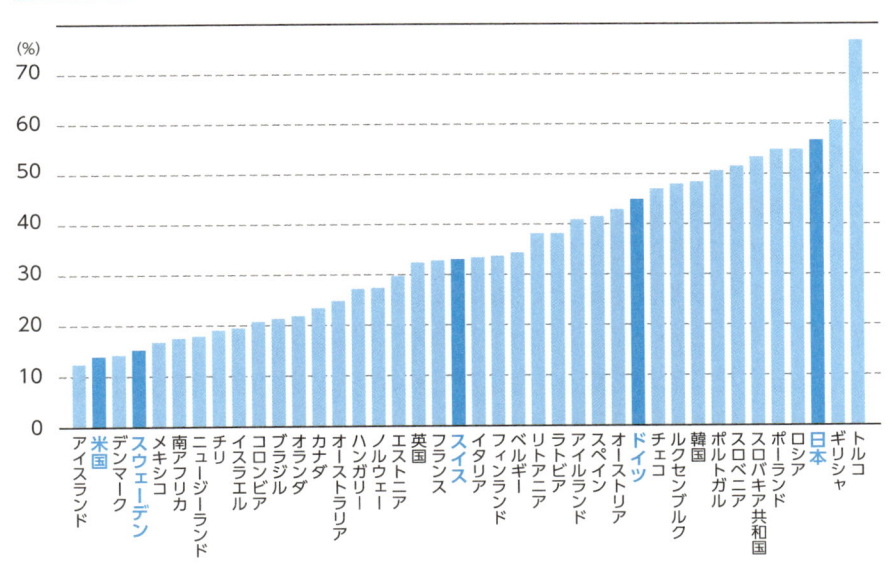

（出所）OECD Household financial assets［2023］（https://data.oecd.org/hha/household-financial-assets.htm）

　その結果、過剰にお金を貯め過ぎて、結局使い切れずに人生を終える方も多数います。FPの花輪陽子さんが独立をした当初に相談を受けた日本在住の80代の女性は、1億円の現金を保有しているのに、「老後が不安」だと言っていたそうです。80代になっても相続対策の準備もしておらず、結局は残された家族も慌てて税理士を探し、高い相続税を支払うということもよくあります。他方で、十分な収入がないため、十分な貯蓄ができずに、周囲に頼れる人も少なく、老後に貧困に陥る方も日本には多くいます。一億総中流の時代は終わり、貧富の差が徐々に大きくなっており、政府が出すモデルケースではなく、それぞれがライフプランとキャッシュフローシミュレーションを行い、人生プランを立てなければならない時代になってきたのです。

　海外で生活をしていて、中華系や欧米系の方とライフプランの話をすると、彼らの方がより明確に前向きな人生設計を立てていて、「なんとなく不安」と言ったネガティブな理由で目的もなくお金を貯めている方は少ないように感じます。各自が自分のプランを持っているために、隣の家庭と比べるということもしません。収入や貯蓄などのあらゆる条件がそれぞれの家庭で違い過ぎるために比べることが無意味だからです。日本人は若い方も「将来が不安」「先が見えない」といった理由から消費や投資に対して保守的になり、消極的な選択肢として貯蓄を選ぶ方が多いように感じます。人生においては何事においても目標設定が重要ですが、**お金に関しても単に無駄をなくすとか投機をしないとかいうことだけではなく、何をするためにどのような使い方をするか、どうしたら豊かな生活ができるかという知識を持ち実行することは重要**です。

　現在の日本経済は長く続いたデフレの時代が終わりつつあり、マイルドなインフレが始まる可能性が高まっています。私たちは**これまでのデフレという異常な状態の常識にとらわれるのではなく、マイルドなインフレが続いてきた普通の国の資産形成を学ぶことがとても重要**となっています。

　日本人が好きな現金預金や債券（国や企業などが一般の投資家から借り入れを行う目的で発行され、満期まで待てばお金が戻ってくるほか、利子も得られる）はインフレ時に弱いという大きなデメリットがあります。現金で1万円を持っていれば、額面上は減ることはないかもしれません。ところが、物の値段が上がり、紙幣の価値が下がると、生活を維持することが少しずつ難しくなります。同じ1万円でも物価が3％上昇すれば、1万円で購入できる物が減るからです。その分、節約をして消費を減らしたり、貯蓄を取り崩したりするなどをしないと購買力を維持することが難しくなります。

　利息がある預金や債券も、物価上昇のスピードに利息の上昇が遅れる場合もあります。日本人の富裕層や金融機関は保有資産の大部分を債券（Fixed Income）で運用をしています。債券投資の特徴は、英語の名前の通り、大きな損失を避けながら、一定のリターンを確保するということです。反対に、株式に投資した時と比べるとリターンが制限され、インフレが続く経済には弱いというデメリットもあることを意識しておく必要があります。

　また、大部分の資産を日本円の預金にしている方にとって、円安は大きなデメリットになります。海外旅行をしないという方も、輸入品を購入するでしょう。スマートフォンの価格が上昇すれば家計は打撃を受けます。また、旅行や留学などで海外に出る場合は自国通貨が弱くなることは、非常に痛手になります。日本から一歩も出ないで生活をしていると気付きにくいですが、海外に住んでいると円の価値の目減りには敏感になります。例えば、1万円の報酬を受け取り、それを米ドルに替えると、1米ドル100円の時は100ドルですが、1米ドル150円の時は約66.66ドルです。以前と同じパフォーマンスで仕事をしていても、海外で使えるお金は少なくなってしまうのです。

　シンガポールには3万2743人（2022年）の在留邦人がいます（在留届提出済の数）が、コロナとインフレの影響からか2021年の邦人数から3457人減少しています。2022年はシンガポールの消費者物価指数は6％上昇しまし

た。2023年は、物価上昇率はやや落ち着いたものの、月によっては前年比4〜5％前後の上昇でした。これはローカルの方向けの物価で、外国人向けの賃貸住宅の上昇幅は場合によっては現地通貨ベースで130％程度値上がりしていたりと非常に大きく、為替レートも1シンガポールドルが80円前後から110円台後半まで上昇をしています。

　日本円ベースで考えている日本人からすると、1シンガポールドルが80円だった頃より1.4倍も高くなっており、物価上昇を考えるとコロナ前の1.5倍程度のイメージです。そのために、現地の商工会議所などに所属をしている大企業の駐在員と話していても、物価の高さに驚きを隠せないという声を聞きます。スイスなど、より物価の高い国への駐在が決まった場合は、考えてしまうかもしれないという方もいました。日系企業の駐在員は一定の家賃や子供の教育費などの手当は出るものの、賃金の上昇などは本社の影響を受けるので、現地の物価上昇率に賃金上昇が追いつかない場合が多いからです。特に円ベースで日本の銀行に給料が振り込まれている方はやりくりが非常に大変だと聞きます。すぐに外貨に替えて、利息が高い現地の銀行に送金をするのだそうです。

　物価の上昇が続いている米国、スイス、シンガポールなどで生活をするには現金を持っているだけでは不十分で、収入を得たら積極的に資産運用を考えて、増やしていく必要が出てきます。何もしないと保有している現金の価値は低下していくため、インフレに負けてしまい、将来の購買力を維持できなくなるからです。

2　貯金好きの日本人はお金持ちになれない

　世界一お金持ちの国、アメリカやスイスはなぜ豊かなのでしょうか。その答えは預貯金を保有している割合の低さ、つまり、いかに積極的に資産運用

を行っているかにあるのかもしれません。

　主要国の家計金融資産（1人当たり）の推移を比べると、資産額が最も大きいのはスイス（約35.4万米ドル）、米国（約33.2万米ドル）、スウェーデン（21.5万米ドル）、日本（17.8万米ドル）、ドイツ（12.8万米ドル）と続きます（OECD Household financial assets 2022年時点）。

　家計金融資産（1人当たり）の長期推移を見ると、米国では2000年に約12万1600米ドルが、2022年に33万2135米ドルと約2.7倍に、スイスでは2000年に12万2665米ドルが、2022年には35万4352米ドルと約2.9倍に、スウェーデンは2000年に5万4511米ドルが2022年に21万5397米ドルと3.95倍に、日本では、2000年に約7万8000米ドルが、2022年に17万8945米ドルと、2.29倍に伸びています。

　各国との伸び率の差は、預貯金か、株式など値上がり益が大きい資産で運

図表 1-2　各国の金融資産

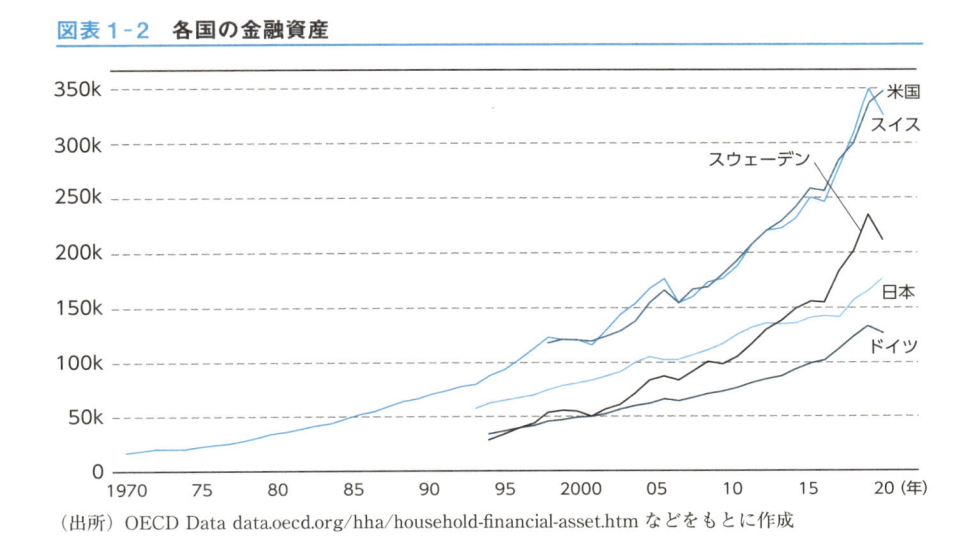

（出所）OECD Data data.oecd.org/hha/household-financial-asset.htm などをもとに作成

用をしているのかという差が大きいと推測されます。特に米国に関しては、支出額も大きく、投資をすることで資産が自然と増えていったと考えることができます。

　米国の金融資産の内訳を見ると、39.2％が株式、11.5％が投資信託で保有しています。同じく資産の伸びが大きいスウェーデンでも株式の割合が36.3％、投資信託が8.8％とリスク資産の割合が高いことが分かります。スイスやドイツに関しては株式の割合は高くないものの、投資信託の割合は高くなっています。

　シンガポールには米国企業で働くスタッフが多いですが、多くの従業員は自社株を保有しています。米国企業で収入が多いということに加えて、自社

図表 1-3　各国の金融資産の内訳（株式）

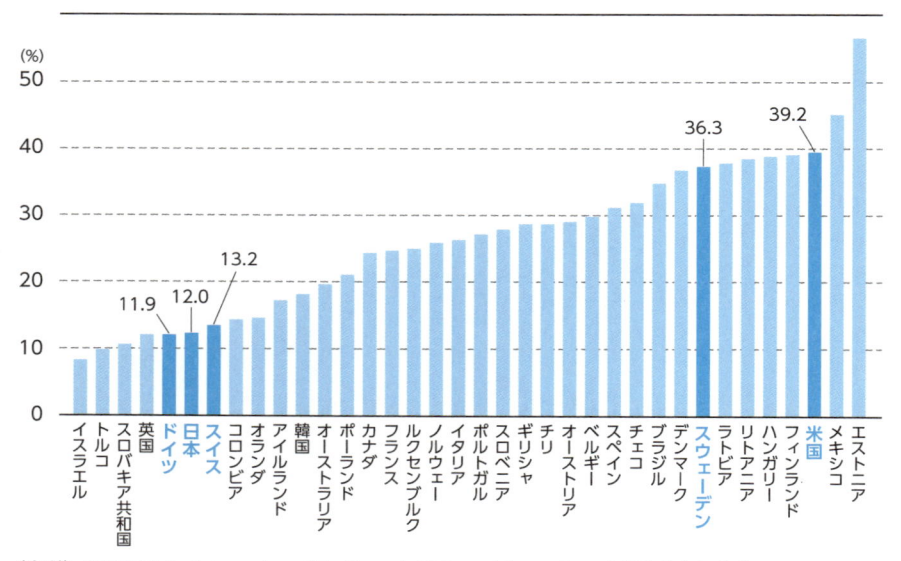

（出所）OECD Data data.oecd.org/hha/household-financial-asset.htm などをもとに作成

株の値上がりによる増加も金融資産の増大に寄与していると推測されます。
　スイスは、世界で最も洗練された金融国の 1 つです。スイスは、世界最大のオフショア金融センターで、様々な金融機関があり、金融が国民経済を支える柱となっています。スイス式の資産の保全方法として、彼らは早い段階から分散投資を行っていることが挙げられます。あらかじめどの金融資産がその年に最もよいパフォーマンスを出すか分からないという大前提で複数のアセットクラスに投資を行い、細かくポートフォリオを組むスタイルです。個別の株式よりも投資信託を活用する方が分散投資には向いているため積極的に投資信託を活用しています。また、米ドル同様にスイスフランも円に対して強くなっているということも金融資産拡大の背景と考えられます。

図表 1-4　各国の金融資産の内訳（投資信託）

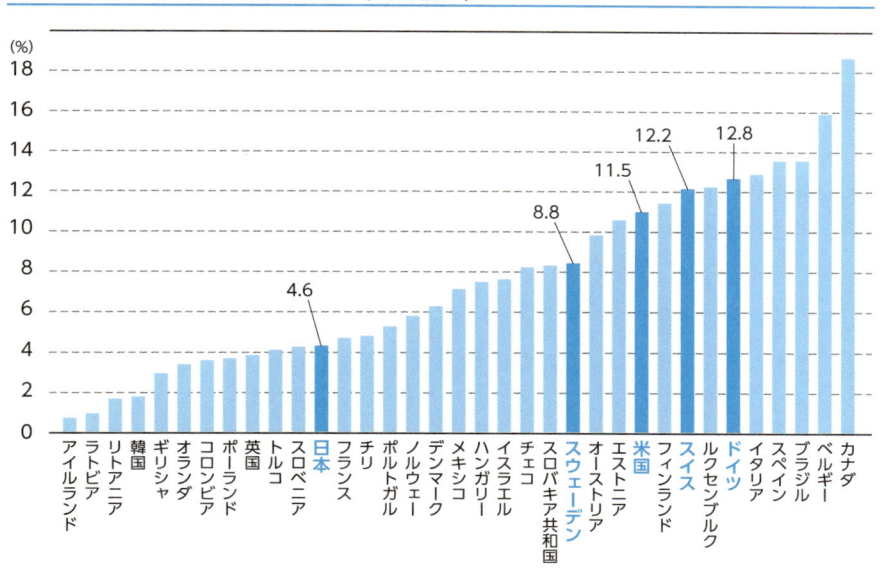

（出所）OECD Data data.oecd.org/hha/household-financial-asset.htm などをもとに作成

　このように、長期で資産を大きく育てるには、日本人のように大部分を預金に置いておくのではなく、リスク資産の割合を増やし、積極的に資産運用をすることが重要だと考えられます。

資産運用の事例　欧米人は資産運用に強いは本当？

　「日本人は金融リテラシーが低く、欧米人は金融リテラシーが高そう」というイメージを持っている方も多いかもしれません。FPの花輪さんはシンガポールで日本人と欧米人のカップルや、日本在住の欧米人から資産運用の相談を受けるケースもあります。そうすると、必ずしも全ての欧米人が、金融リテラシーが高いわけでもないことに気付かされるそうです。米国の学校では課外授業などで小学校の頃からお金の授業があるなど金融教育は盛んですが、本格的な知識を持っていると言えるのは、あくまでも一部の私立学校で教育を受けた方々で、一概に欧米人といっても、人によって金融リテラシーには差があると感じます。

　しかし、多くの欧米人のカップルが共働きで、自社株を保有している方も多く、収入にも余裕があり、自社株の値上がりもあって、意識していなくても自然にお金が貯まっているケースが多い印象です。収入が多いと、資産運用が十分でなかったり、資産運用で大失敗をしてしまったとしてもその後の人生で挽回できることが多いようです。

　ここからは、いくつか事例を見ていきます。

■ シンガポールで求職中のアメリカ人のAさん（40代）

　例えば、妻の駐在で帯同し、シンガポールで求職中のアメリカ人のAさん（40代で奥さんもアメリカ人で米国企業勤務）はアメリカ以外の金融機関で資産運用がしづらいという規制のせいもありますが、シンガポールでは

あまり積極的に資産運用をしていません。ただし、米国企業では、報酬を株式で与える場合が多く、RSU（譲渡制限付株式単位）を受けている方もいます。リーマンショック以降の米国株の値上がりもあり、それだけで資産が自然に増えている方も多く見かけます。Aさんも以前に働いていた企業の株式を保有し、妻も勤務先の株式を保有しています。

　Aさんは過去に資産運用で失敗をしたこともあります。以前に金融機関に勧められて買った仕組債（一般的な債券にオプションやスワップなどのデリバティブを組み込んだ債券）で大損をしてしまい、それから資産運用に対して慎重になったそうです。しかし、夫婦で働いていたので大事には至らず、よい勉強になったと言います。また、税金が低い国に住んだとしてもアメリカでも納税をしないといけないので、物価の高いシンガポールではカツカツだったそうです。そのため、帯同で来たシンガポールで必死に就職活動をしていました。

　日本人の駐在員の帯同者の多くは現地で職を探すことをしないのですが、外国人の場合、帯同や母子留学で来た場合も必死に職を見つけて、なんとか就職をする人が多いと感じます。シンガポールで、現地採用で職を得ると、ビザの関係で40代の場合、月額1万シンガポールドル（日本円で100万円）以上の報酬を得ることができるのが一般的です。夫婦で働けば、月額200万円以上得ることもごく普通なのです。

　英語ができる、中国語ができることなどを活かして、インターナショナルスクールで働く方も多く、そうすれば、報酬を得られる上に学費の割引を受けることができる場合もあるようです。職を得ることに対する必死さが外国人の方はすごいと感心します。シンガポールではヘルパーを安価で雇うことができるので、合理的な欧米人からすると、なぜヘルパーを雇って働かないのかが全く理解ができないようです。彼らはキャリアプランもしっかりと考えているので、出産を複数回してもすぐに復帰をするなど、キャリアが途切

れないように工夫をしています。

　Aさんは子供がアメリカの大学に進学する際に、州立大学の学費を安くするために、希望の大学の近くに住宅を買って、将来的にはその辺りに住もうかと計画をしています。アメリカ人の保護者と話をすると、大学や奨学金の情報に関しても非常に詳しいです。そんなAさんもようやく仕事が決まって、生活費にゆとりが出るのでこれから蓄財に励もうと考えています。

　Aさんの場合は、ご本人の金融リテラシーが高く積極的に資産運用をしているというよりは、働いている企業の制度に支えられている面も大きいと感じます。多くの日本人との違いは、自分たちのキャリアに積極的であるということと働く場所などについてもフレキシブルであるということでしょうか。

　このように、夫婦共働きで会社の制度に支えられて資産形成ができているケースに関しては、今後は日本でも若い世代を中心に定着してくるかもしれません。

■ **日本在住のスイス人のBさん（50代）**

　日本在住のスイス人のBさん（50代）も個人年金保険に積み立てをしたり、日本も含めて不動産をいくつか所有したりしています。ただし、資産運用に関しては消極的で債券投資には興味があるものの、株式投資は値下がりリスクもあるので怖いと感じているようです。スイス人なので、通貨に関しては、スイスフラン、ユーロ、米ドル、円などの複数の通貨に分散をしています。スイスフランと米ドルを中心に通貨を保有しているので、通貨が強いという理由で日本に住んでいると、円安と物価安（海外と比べると）で生活は楽なのだそうです。

　スイスの金融資産の内訳を見ると、株式の保有比率は13.2％と12.0％の日本とあまり変わりません。投資信託に関しては12.2％と4.6％の日本よりも

保有比率は高くなっています。スイス式の伝統的なポートフォリオはとにかく複数の資産に細かく分散投資をするスタイルです。投資信託でも1銘柄が10％を超えないようにするなどリスク管理の規定が細かく定められており、分散投資の原則が徹底されています。積極的に資産を増やすというよりは、資産を保全する、インフレの分だけ成長資産を加えるというスタイルです。一般の方が細かく分散投資をするには投資信託を活用することが有効です。また、保険でラップされた投資信託もあるためにそうした仕組みを使う人もヨーロッパには多くいます。

　Bさんのようにヨーロッパ人でも資産運用に対する知識が豊富にあるわけではない人たちは保守的な運用をする方も多いようです。しかし、その場合も通貨を分散して、実物資産などインフレヘッジができる資産を保有して稼いだお金や、保有している資産の購買力を維持する努力はしています。株式関連資産の保有比率が低いことは日本人と似ているとも言えますが、やはり歴史的な背景から通貨の分散を図り、万が一の時にも購買力が激減しないように管理しています。経済活動がグローバル化している現代社会では1つの国に資産を集中させているのは危険だというのが彼らの一般的な考え方です。もちろん、その国で生活している以上、生活している国の資産にバイアスはかかりますが、それと同時に世界経済についていくための国際分散投資という考え方は今後日本人にとっても重要になってくるでしょう。

■ シンガポール人のCさん（30代）

　シンガポールをはじめとした中華系諸国の方は10％を超えるダブルデジット（2桁）の運用リターンを希望し、積極的に運用をしている方も多いと感じます。これは、過去中華圏では不動産をはじめとする投資資産の値上がりが大きく、高いリターンに慣れていることが原因だと推測されます。一方、欧米人の場合は無理せず現実的に確保できるリターンとしてインフレプ

ラスリスクに見合ったリターンとして7％前後を目指す方が多い印象です。

　シンガポール人のＣさんはローンで住宅を２軒購入し、それらを賃貸に出しています。自分自身は賃貸を借りています。シンガポールでは不動産価格がこれまで上昇してきた背景もあり、持ち家志向が強く、住宅を買えば少なくとも資産保全ができるという考え方です。自分自身は賃貸を借りているのは、子供の教育進路によって住むと有利なエリアが変わるからです。投資用と住む用の住宅を分けて考えています。これは投資という側面もありますが、住居費という生活のベースとなる費用が上昇するリスクをヘッジしているとも言えます。

　また、彼らはコロナ危機の際に大きく株式市場が値下がりしたタイミングで株式投資をまとめて行い、大きな利益が出たと言います。金利の情勢を見ながら住宅ローンの借り換えも積極的に行い、お金の勉強をすることに余念がありません。Ｃさんは、老後は日本などシンガポールより生活費が安い国に住みたいと言います。積み立てをしている年金や不動産を売却した資金で老後生活を楽しく送りたいと計画していると言います。シンガポールは景気がいいということもありますが、物価上昇率が高く、それを上回る収入を得続けたり、資産運用のリターンを出し続けたりすることは現役時代でないと難しいと考えているそうです。シンガポールにはリタイアメントビザはありませんし、リタイアをして移住してくる方は超富裕層に限られます。そのため、現役時代はシンガポールで頑張り、老後は近隣のアジアに移り住みたいと計画を立てている方も多いのです。

　彼らの資産運用は非常に積極的で、日本人の資産形成に対する考え方とは対極にあるかもしれません。ただ、日本も今後は自助努力で資産形成をしていく重要性がどんどん高まっていくと考えられます。シンガポールは資源のない国なので、自分たちが努力することをやめることがいかに危険かを理解しています。**日本や欧州は過去からの巨大な蓄積があるため、それを利用し**

つつこれまでやりくりしていますが、蓄積が徐々になくなってくるとすれば、シンガポール人のように現役時代から先を見据えて努力することが求められるようになるでしょう。資産運用の具体的なやり方はお国事情によっても異なりますが、資産運用や人生設計の考え方に関してはとても参考になります。

2 世界標準とは異なる日本人の老後に対する考え方

1 多くの先進国では年金だけでは生活ができない 日本も現在はよくても将来は分からない

「老後2000万円問題」がメディアで話題となったこともあり、若年層の間でも老後が不安という方は多くいます。これまでの日本は先進国の中でも珍しく、年金だけでも慎ましく生活することが可能な国でした。しかし、少子高齢化から社会保障費の増大が財政を圧迫しており、将来は現在と同レベルの社会保障給付を受けることができるのかは不透明です。実際に多くの先進国では、年金の受給年齢を引き上げています。シンガポールなどの歴史の新しい国ではこうした先進国の制度を研究し、持続可能で低コストの積立方式の年金を採用しています。また、日本の医療費は安くて医療の質もよいことで有名ですが、米国やシンガポールなどではよい医療を受けるためには非常に高いコストを支払う必要があり、民間の保険会社に加入するなどの必要があります。日本では未来永劫よい医療とよい介護サービスを安く受け続けられるのかは定かではありません。

現在、日本の厚生年金（夫婦2人分の老齢基礎年金を含む標準的な年金額）は22万4482円です（厚生労働省　令和5年度 https://www.nenkin.go.jp/oshirase/taisetu/2023/202304/0401.html）。これに対して、無職の65歳以上夫婦の消費支出は23万6696円です（総務省統計局　家計調査2022年）。標準的な年金額から、平均的な支出を引いた差額は1万円程度です。

年金で不足した部分を貯蓄などから取り崩せば、デフレ経済の日本では慎ましく暮らしていれば生活ができてしまうレベルでした。この標準モデルは夫が会社員で妻が専業主婦のモデルです。夫婦共働きで会社員の場合、厚生年金の部分が増えるので、31 万 6464 円程度です。共働き世帯も日本では増え、世帯でこれくらいの年金があれば老後生活を年金だけで送れるかもしれないと感じるかもしれません。ただ、インフレ経済では、貨幣の価値や年金の実質的価値が目減りするリスクがあるために、年金に 100％頼ることにはリスクがあります。

　また、先ほどの月 23 万 6696 円という金額は平均消費支出です。公益財団法人生命保険文化センターの「生活保障に関する調査」（2022 年度）によると、ゆとりある老後生活費は平均 37.9 万円という数字を挙げています。ゆとりのための上乗せ額の使途は、「旅行やレジャー」「日常生活費の充実」「趣味や教養」等です。先ほど、海外の物価が高くなっているという話をしましたが、海外旅行に行く費用も年々上昇傾向です。また、海外の状況を見ると将来の日本でも医療費や介護費が上昇するリスクはあります。豊かで楽しい老後生活を送るには 23 万 6696 円に上乗せが必要となります。最低日常生活費以外に使う金額もますます大きくなりそうです。

　また、自営業で夫婦共に国民年金という場合、夫婦で 13 万 2500 円と、年金では不足するために、できるだけ長く仕事を続ける必要があります。つまり、夫婦共に国民年金という場合は、iDeCo（イデコ・個人型確定拠出年金）などで公的年金の不足部分に備えることが必須となっています。

　このように日本においても、年金による生活費のカバー率はケースバイケースなのです。

　これに対して、米国では標準的な年金額は 1800 米ドル程度です。米国では州によって老後の生活費は異なりますが、5000 米ドル程度かかる場合もあるようです。つまり年金では生活費の一部しか賄えません。そのため、あ

りとあらゆる工夫をして老後に備える必要が出てくるのです。例えば、企業年金や個人退職勘定（IRA）を活用する、夫婦共働きで年金額を増やす、年金の受給年齢を遅くして受給額を増やす、仕事を続けるなどが考えられます。また、家を担保にして資金を借りる（リバースモーゲージ）、投資をして配当を得る、家賃収入を得る、個人年金保険を活用するなど様々な工夫が採られるようです。そのような環境も米国人が資産運用に関する知識を真剣に求める要因にもなっています。

　また、公的年金の構造や仕組みが日本を含む多くの先進国とは全く違うシンガポールではどうでしょうか。シンガポールでは賦課方式（世代間扶養）ではなく、積立方式（給与天引による自己積立）が取られています。

　積立方式では、個人の拠出額全額が、自分の口座に積み立てられ、定年時に積立額全額プラス利子の受給が確保されているという特色があります。年金見込み額は積立額によって大きく異なり、現役時代の収入に大きく左右されます。例えば、2024年に55歳になる方の65歳からの年金支給額は、積立額が20万シンガポールドルの場合、月額約1630シンガポールドルの受け取りです（2024年1月22日現在　標準プランの場合）。

　シンガポールは物価が非常に高い国で、平均的な世帯の支出は4906シンガポールドル（STATISTICS SINGAPORE　2017/18）で日本円にすると約50万円なので、積立方式の年金では生活費の一部を補うに留まります。もちろんこれは子供も入れた家族の支出額なので、老夫婦2人で細々と生活をすれば月額3000シンガポールドル（約30万円）程度の生活費でも最低限は賄える場合もあります。また、共働き率が高い国なので、夫婦で年金額を増やしたり、老後も働き続けたりする方が多いようです。しかし、それでも日本のように、生活費のかなりの部分を年金で賄うことができるのとはかなり状況が異なります。

　このように日本は、米国やシンガポールに比べると年金以外の資産形成の

必要性が比較的低かったと言えますが、これは日本が世界の中でも突出して恵まれた環境にあったことが背景です。日本が普通の先進国となって行く中で今後は他の先進諸国と同様に自助努力による資産形成のあるなしが、老後の生活の差となって現れて来る可能性が高いのではないでしょうか。

2 | 積極的に運用をして、早期リタイアを目指す「FIRE」

「FIRE（Financial Independence, Retire Early：経済的に独立して早期退職）」ムーブメントがアメリカなどでブームになり、日本でも一時期話題となりました。前述の通り、海外では年金だけでは老後の生活費を賄うことはできず、貯金をするだけでは不足分の金額を作ることができないという背景から単に真面目に働いてお金を貯めるだけではなく、積極的に資産を貯め生活のための労働から解放されたいからだと推測できます。

FIRE における 2 つの基本ルール

FIRE を考える上で、次の 2 つがポイントとされていました。

■ ルール 1：4% ルール

FIRE の支持者は、退職後の資産の取り崩し率に関して、4% ルールを提案しています。取り崩し額を投資元本の 4% 以内に抑えることができれば、資産を目減りさせることなく生活が可能という前提です。仮に資産が 1 億円あり、毎年の運用益が 4% だと仮定すると、毎年 400 万円を取り崩しても資産が減らないことになります。

■**ルール2：年間想定支出額の25倍の資産を準備**

FIREでは、想定支出額（1年間）の25倍の資産を準備することが必要とされています。年間の支出額が400万円なら、その25倍の1億円を捻出するということです。これは先ほどの4%ルールから逆算された考え方です。

シンガポールの積立方式の年金でもルール1の年利4%で運用されています。ルール2の25年分の生活費に関しては個人のライフスタイルで様々なので国としては関知をしていません。

インフレ時代に必要な積立額の考え方

FIREや積立方式の年金の考え方は長期にわたる低金利の元では一定の効果を発揮したように感じます。しかし、**インフレの時代はインフレ率を差し引いた後の実質リターンで運用益を考える必要があります**。例えば、インフレ率が3%であるなら、7%程度のリターンを追求する必要があるということです。7%という高いリターンを実現させるには、株式をポートフォリオに入れて運用をするなど、より積極的な資産運用を検討する必要があります。

また、**インフレ時代は将来の支出額が大きくぶれます。そのために、想定の支出額ではなく、現在の収入から一定の金額を天引きして、それで積極的に投資をする方が現実的**です。

例えば、20歳から60歳までの40年間を勤労期間、その後の20年を老後として考えます。勤労期間の収入の20%をインフレに連動するような金融商品で積み立て、収入の80%を生活費として使うのです。老後20年間の間に現役時代の収入のうち20%分とその運用益を、運用しながら取り崩して使うイメージです。

40年間積み立てて、それを20年で使うので、インフレも資産運用利回りもゼロとした場合、勤労期間の平均年収の40%分が年間に使えるお金とな

ります。つまり「生活水準を勤労期間の半分にして過ごす」というのが年金などのベースとなる考え方です。

　例えば、70歳まで働く場合、勤労期間が約50年になりますので、老後生活水準を勤労期間の半分にした場合、約25年分の老後資金が確保できたことになります。

　つまり、**勤労期間の半分の期間が老後の期間**となります。このように**平均余命が伸びれば、必要となる勤労期間も伸び、年金を受け取り始める年齢も引き上げられるのは自然**ということです。

　ただ、この場合も、資産運用に回した20％は、最低でもインフレ率と連動した利回りで回す必要があります。

　もちろんFIREのような考え方を全否定するわけではありません。若い時に1億円などの大金を得ることができれば、好きな国に移住し、好きな仕事に就くなど、人生設計の自由度は上がります。1億円を元手にして大きなビジネスにチャレンジすることもできます。経済的に余裕を持つことで、生活のための収入を稼ぐという発想から独立をすることができます。若いうちから引退生活を送るのではなく、さらなる成功のために、生活のための労働時間から解放されるという意味で、FIREが可能となる資産を貯めるという考えは悪い考え方ではないと感じます。現代は、コツコツ貯蓄をして生活を切り詰めて細々と過ごすというよりは、楽しいことをやり、自分の得意なことから大成功する人が出てくる時代とも言えるのです。

■67歳の現在もフルタイムで働き続けるシンガポール人の女性 ジョアンナさん

　ジョアンナさんは人材派遣会社で営業をしているシンガポール人の女性です。20代前半で長女を出産し、現在は10歳の孫がいます。20年前にパートナーが他界し、賃貸を借りてひとり暮らしをしています。シンガポールは国

土が狭いので、娘や孫と一緒に食事をする機会も多いそうです。また、チャイニーズニューイヤー（春節）の際には遠方の親戚なども集まります。彼女は旅行や買い物が好きなので、気分転換の方法はショッピングなのだそうです。

　彼女は今でも働いており、収入だけで生活費が賄えるので、年金制度や貯めてきた定期預金には手をつけていません。運用資産を引き出すのを遅くすればそれだけ利息等で老後資金が増えるので、本当に必要になった時に使いたいのだそうです。シンガポールでは老後の資金は人によっては1〜2億円も準備するそうです。また、資金を捻出するために、子育て中に購入をした不動産を売却して、住まいのダウングレードをすることでキャッシュを確保することもあります。子供が独立すると、広い住まいは必要なくなるから合理的な考え方です。また、勤労期間に不動産を保有することでインフレヘッジにもなっています。より狭くて安い不動産を購入するか、賃貸をすることによって、キャッシュを手に入れることができます。「老後は持ち家がないと心配」——という声が日本では多いですが、シンガポールでは値段によっては賃貸の方が有利なケースも出てきます。持ち家率が高く、持ち家が人気なので、古い賃貸物件が割安で探せる場合もあるからです。賃貸だからといってグレードが落ちるわけでもありません。

　このように、年を取ってもジョアンナさんのように働き続けることができるのは一番安定した生活費の確保です。そうすれば準備するお金は少なくても済み、持ち家にこだわる必要もありません。人生の選択肢を広げることができるのです。日本と同様、高齢化が進むシンガポールでは2030年までに定年を65歳とし、再雇用制度で最大70歳までの従業員を雇用できるような柔軟な制度を導入しようと計画しています。この制度により、年齢に関係なく、働ける人は働き続けることができるようサポートする社会を実現していくという政府の姿勢が読み取れます。

　また、シンガポールでは日本の遺族年金のような手厚い制度はありません。本人が貯めていた積立方式の年金を死亡時に家族が受け取ることはできますが、貯めた以上の保障はありません。シンガポールでは、離婚時は夫が妻に一定期間生活費を払い続ける必要があるのですが、死別の場合の保障は手薄いようです。日本では死別した場合の保障は手厚く、離婚の場合はケースバイケースなので、制度の違いがかなりあります。

　シンガポールでは女性が結婚、出産後も働き続けることがごく一般的で、男性並みの経済力がある女性も非常に多いです。ジョアンナさんは、自立して、老後まで1人で働き続け、趣味を継続させ、家族にも囲まれて暮らすことができ、非常に幸せそうです。収入があるということは老後の不安を大きく軽減させることができるのです。

　かつての日本は60歳になると定年退職して余生を送るという形式が一般的でしたが、今後はジョアンナさん同様、かつての定年の年齢になっても無理せず楽しみながら仕事を続ける人が増えてくるのではないでしょうか。

　考えてみれば漫画のサザエさんの波平さんは54歳、当時の平均寿命は56.2歳でした（ちなみに当時の定年は55歳、定年が60歳に引き上げられるのは1980〜90年です）。つまり当初の年金制度は仕事を辞めて隠居したら数年後には天国へという制度だったわけです。そのような制度が、平均寿命が80歳を超える現在となっても維持できているということ自体が驚くべきことなのです。今はその過渡期にあるわけですが、やはり年を取ってくると健康状態も個人差が大きくなります。そのため、画一的なモデルを作ることは難しく、それぞれに合った形を模索していかなければなりません。**余裕を持った生活をするために資産形成は重要ですが、もう1つの軸として健康で働き続けることができるというのも重要なのです。**

■ 引退後に趣味のチョコレート店を夫婦で経営する CC さん
（シンガポール人男性 70 歳）

　CC さんは定年後に、趣味でチョコレート作りを開始し、数年前から店舗を借りてチョコレートとアイスクリームの店舗経営を夫婦で始めました。夕方に店舗に行くと、同じように引退をした友人たちが集まり、アクティブシニアが集まるサロンとなっています。外国人の私も店舗に立ち寄ると、異国の地で親戚ができたような温かい空気で快く迎え入れてくれます。このサロンに集まるのは、皆若い時代に一生懸命働き、ビジネスや不動産などで富を築き、それらを売却するなどしてキャッシュを得て、引退後お金に不自由のないアクティブシニアがほとんどです。

　シンガポールではコロナ後に中国人の富裕層が数千世帯単位で移住をし、家賃が大幅に高騰しました。CC さんの店舗もその影響を大きく受けます。大幅な家賃の値上げを通告され、CC さんは店舗を失いました。皆が集まる憩いの場がなくなり、非常に残念でならなかったそうです。しかし、CC さんはあきらめずに、1 年も経たずに別の場所に店舗を再び作ります。今度は家賃を心配しなくてよいように、不動産を購入しました。別の不動産を売却して得た現金で店舗を取得したのです。購入をした理由としては、賃貸だと賃料が出ていくだけだが、購入をすれば、出ていく費用もないため、コストアップを気にする必要がなく、安心してビジネスができることと、資産の保全にもなるからということでした。大きな投資の決断だと思いますが、現在もアクティブシニアの憩いの場を提供し続けてくれています。また、アルバイトを雇う等でシンガポールにおける雇用も提供しています。

　定年後も大きな投資や事業に挑戦をし、人が集まる場を提供したり、雇用を作ったりする CC さん。大好きなチョコレート作りに専念して、本人もまわりもとても幸せそうです。CC さんは不動産もあり、夫婦で収入もあるので老後の不安はなく、毎日友達や親戚に囲まれて楽しく生活をしています。

このように、老後も自分が好きなことをしてお小遣い稼ぎをし、人と交流を続けるためには、現役時代に資産を形成しておく必要があります。**資産は自分の生活のためだけでなく、人生の中で様々な可能性を提供することになる**わけです。もちろん、健康であることも重要な要素です。

3 ｜ 日本の年金世帯の平均的な生活

　日本の年金世帯の生活を少し詳しく見てみましょう。家計調査（2022 年）によると、65 歳以上の夫婦のみの無職世帯（夫婦高齢者無職世帯）の収入源は年金などの社会保障給付が 22 万 418 円、その他収入が 2 万 5819 円です。これに対して、消費支出は 23 万 6696 円、非消費支出は 3 万 1812 円、合計 26 万 8508 円です。収入から支出を引いた金額は 2 万 2270 円の赤字です（図表 1 - 5）。

　消費支出の内訳を見ると、食費に 6 万 7776 円、住居費に 1 万 5578 円、光熱・水道に 2 万 2611 円、家具・家事用品に 1 万 371 円、被服及び履物に 5003 円、保健医療に 1 万 5681 円、交通・通信に 2 万 8878 円、教養娯楽に 2 万 1365 円、その他の消費支出に 4 万 9430 円（うち交際費に 2 万 2711 円）です。

　このデータは全国平均で持ち家率が高いために、住居費が 1 万 5578 円と低くなっています。東京都に 2 人暮らし用の賃貸物件を借りようとすると月 10 万円以上かかる場合も多くなります。実際に老後まで賃貸の場合は、住むエリアにもよりますが、より赤字が多くなる家庭も出てくるでしょう。また、国内旅行に行く場合も 2 人で 1 回 10 万円程度、海外旅行の場合は渡航先にもよりますが、2 人で 50 万円程度かかる場合もあります。そうした支出もこちらからやりくりをするには不十分に感じます。

　高齢者の生活を見ると、光熱・水道、交通・通信の費用の合計の割合が

21.8％、食費が28.6％なので、食料やエネルギー費用などインフレの影響を直撃しやすい費用が多いことが分かります。教養娯楽、交際費の合計も18.6％と高くなっていますが、インフレの影響から支出が増えると、こうしたお楽しみ支出から削らざるを得ません。あるいはその他の年金以外の収入を増やす努力も必要でしょう。

つまり、生活費と年金の差は個々人によって、かなり差が大きくなる可能性が高いのです。

単身世帯の老後はどうでしょうか。収入源は年金などの社会保障給付が12万1496円、その他収入が1万3419円です。これに対して、消費支出は14万3139円、非消費支出は1万2356円、合計15万5495円です。収入か

図表 1-5　65歳以上の夫婦のみの無職世帯（夫婦高齢者無職世帯）の家計収支（2022年）

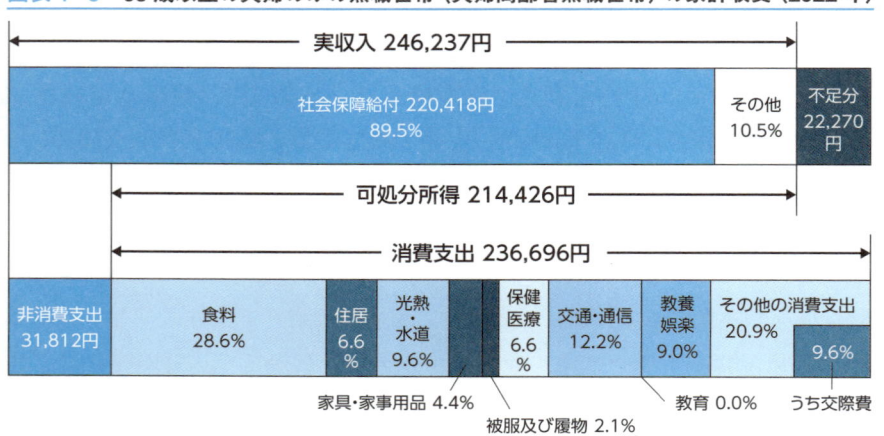

（注1）図中の「社会保障給付」及び「その他」の割合（％）は、実収入に占める割合である。
（注2）図中の「食料」から「その他の消費支出」までの割合（％）は、消費支出に占める割合である。
（注3）図中の「消費支出」のうち、他の世帯への贈答品やサービスの支出は、「その他の消費支出」の「うち交際費」に含まれている。
（注4）図中の「不足分」とは、「実収入」と、「消費支出」及び「非消費支出」の計との差額である。
（出所）「家計調査年報（家計収支編）2022年」（令和4年）

ら支出を引いた金額は2万580円の赤字です（図表1-6）。

　消費支出の内訳を見ると、食費に3万7485円、住居費に1万2746円、光熱・水道に1万4704円、家具・家事用品に5956円、被服及び履物に3150円、保健医療に8128円、交通・通信に1万4625円、教養娯楽に1万4473円、その他の消費支出に3万1872円（うち交際費に1万7893円）です。

　ひとり暮らしをしたことがある方からすると、住居費に1万2746円というのは賃貸の場合は現実的ではないことが分かるでしょう。都心部に賃貸を借りる場合、月6万円程度かかる場合もあります。また、介護が必要になった場合に家族がいないと施設に入ることも考えられ、その場合は施設費用と介護費用がかかります。生命保険文化センター「2021年度生命保険に関す

図表1-6　65歳以上の単身無職世帯（高齢単身無職世帯）の家計収支（2022年）

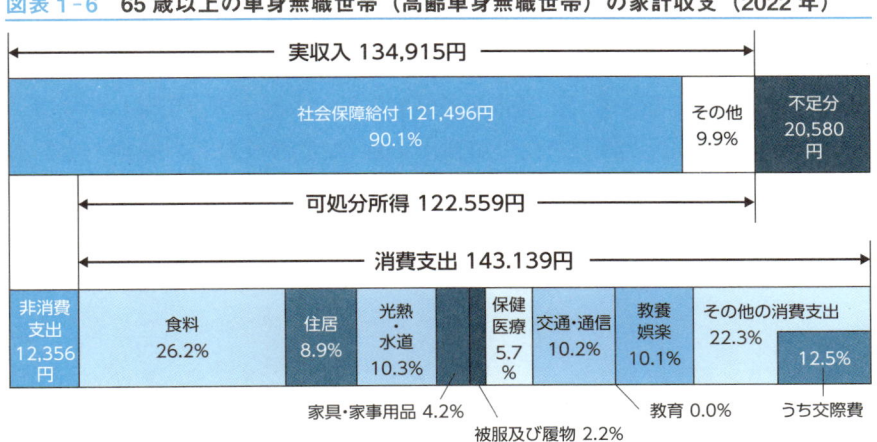

（注1）図中の「社会保障給付」及び「その他」の割合（％）は、実収入に占める割合である。
（注2）図中の「食料」から「その他の消費支出」までの割合（％）は、消費支出に占める割合である。
（注3）図中の「消費支出」のうち、他の世帯への贈答品やサービスの支出は、「その他の消費支出」の「うち交際費」に含まれている。
（注4）図中の「不足分」とは、「実収入」と、「消費支出」及び「非消費支出」の計との差額である。
（出所）「家計調査年報（家計収支編）2022年」（令和4年）

る全国実態調査（速報版）」によると、介護のためにかかる一時的な費用の平均は74万円、介護の月々の費用に平均8万3000円が必要というデータがあります。介護期間の平均は5年1カ月なので、平均総額は580万円以上という計算です。単身で老後生活を送るには年金だけではかなり厳しいことが想像できるのではないでしょうか。

　豊かな老後生活を送るためには運用をして、貯蓄から取り崩せる資金を増やす、収入を維持して毎月の年金以外の収入源を確保することが必須だと分かります。日本の年金ではなんとか生活ができるものの、細々と生活をするくらいしかできないのが現状です。

■ 年金をもらいながら株式投資を楽しむ日本人の田中さん夫婦 （自営業60代　日本の地方在住）

　日本の地方に住んでいる田中さんは夫婦で自営業を営んでいます。自営業なので定年もなく、健康な限り仕事を続けようと考えています。そんな田中家は家族全員が株好きです。日本株の個別投資が大好きで自宅兼仕事場ではYouTubeが流れ、会計士や投資情報、企業のIR情報などの動画が流れています。元々は田中さんのお母さん（90代）が日本株好きでテレビ東京の「モーニングサテライト」を欠かさず見ている方でした。田中さんのお母さんは、年齢から株式投資に制限ができたので、田中さんに投資は託して、情報収集だけをしています。高齢の田中さんの母も好きな株のことを考えると、脳のトレーニングにもなり、元気に過ごせているということです。

　田中さんの投資スタイルは応援したい企業に長期投資をするというものです。特に売るつもりもなく、長期で保有していたいので、短期的に株価が下がっても気にならないそうです。現在も収入からの余剰資金がある程度貯まったら買いたい銘柄が数銘柄あるということです。それを順番に買い足していくのが楽しみだということです。また、配当や株主優待もあるので、老

後の余剰資金から株を増やしていくとインカムの面からも豊かになります。

　田中さん夫婦は自営業なので夫婦でもらえる年金は月約13万円ですが、持ち家があり、収入もあり、地方なので生活費も東京ほどはかかりません。そのため、毎月余剰資金が生まれ、株に投資をする余裕が出るのです。このように、年金をもらっている世帯の場合も資産形成がしっかりとできていると、生活に余裕がある場合は老後も資金面で心配することもなく株式投資を楽しむ余裕があります。その**余裕から資産運用益も得られ、インフレへの対応もできるという好循環が生まれている**わけです。田中さんのようなケースを見てもしっかりと資産形成を行い、生活にゆとりを持たせることが大切だと考えさせられます。

第 2 章

インフレ時代に
不可欠な「投資力」
——日本人はもっと豊かになれる

1 これからの世界になぜ投資が必要か？

　「インフレの波が日本にも押し寄せており、現金のままでは目減りしてしまう」「年金だけでは心配だ。これからは自助努力の時代と言われている」「投資をしないといけないのに知識がない」など、漠然とした不安を感じている人は多いでしょう。

　また、低インフレ・低金利の時代からインフレ・高金利の時代に移行することは、株式投資にとってマイナスだと考えている人もいるようです。これは、短期的な株式市場の動向を語る時に、金利引上げやその背景となるインフレ率上昇のニュースが、ネガティブ材料として説明されているからでしょう。理論的な背景についての説明はここでは避けますが、一般に金利が上昇する局面は、景気がよいことが多く株価は上昇します。また、株式はインフレヘッジ機能が高い商品と考えられています。つまり、インフレの時代は株式でリターンが出しにくいのではありません。インフレの時代こそ、株式などインフレヘッジ機能が高い商品に投資をしていないのは危険なのです。なぜなら、現金を保有するだけでは、持っていると価値が目減りするからです。

1 日本経済は本当にこのまま衰退していくのか

　少子高齢化で日本は活力を失い、これまでの30年と同様、成長しないと思っている人も多いかもしれません。海外に行くと、その傾向は顕著です。

日本にはよい文化や技術もあります。しかし、企業のマネジメントはよくないと思われています。1980 年代から 90 年代初頭に日本的経営が評価された反動もあり、日本人が考える以上に低い評価が定着しています。また、少子高齢化もあって、人口減少によって、徐々に衰退していくことが避けられないという思い込みが共有されているように感じます。30 年間も経済が成長しない国で、街は失業者であふれ返り、先進国から貧困国に転落したかのようなイメージを持っている知識のない人すらいます。

　これらの海外からのイメージとは裏腹に、日本では失業者も少なく、世界的に見ても格差は小さく、絶対的貧困層は多くありません。日本の経済が停滞していたことや構造改革の遅れなど、山積の問題を抱えていることは事実です。しかし、世界で見られている日本のイメージと、日本の実態がかけ離れていることも事実だと感じます。戦後奇跡的な復興を遂げ、**高度経済成長を実現させた日本を過大評価したのと反対に、今は日本を過度に悲観的に評価し、逆バブルとも言うべき状況**に置かれているのです。

　私はこれからの日本は、過去 30 年間の延長線上にはなく、有望な企業が次々と出てきて、既存企業の中にも華麗な変身を遂げる企業が現れると考えています。したがって、日本企業への投資は有効で、その恩恵は地の利もあり、日本の実態を最も理解している日本人が是非享受して欲しいと思います。

　これまで日本では、投資はギャンブルや儲け話と同じように考える人が多かったと感じます。しかし、あぶく銭を儲けるためではなく、**資産を適切に守るためにも、人生 100 年時代を楽しく生きるためにも、投資というものは必要不可欠**になっています。

　それでは何をすればよいのでしょうか。YouTube やインスタグラムなどでは、とにかく結論だけ短く伝える方法が主流になっていると感じます。残念ながら、結論だけを教える方法はある面では正しく、ある面では間違っています。その結論に至る背景を理解できていないからです。背景を理解して

いないと、状況が変化した時に、自分がどのように変化しなければならないのかが分かりません。いつまでも結論だけを鵜呑みにしていると、害になる場合もあります。この本では、これだけをすればよいという方法はお伝えしません。各人の個性やタイプ別に合わせて、どのような考え方をすればよいのかを、可能な限りお伝えしていきます。

2 投資の大原則を知る

　まず、投資には大原則があります。それは、「**誰かがよいと言ったものを鵜呑みにして投資するというのはダメ**」ということです。

　自分で「**理解をし、納得して、投資をする**」**という行動自体が重要**だからです。これをしないと、いつも中途半端に誰かの意見に従うことになり、儲けは小さく、最悪の場合には後追いばかりになり、損が大きくなってしまいます。

　なぜ人の意見に素直に従ってはダメなのでしょうか。自分のような素人が考えるよりも専門家の意見に従うのがよいのではないかという考えもあるでしょう。でも、基本的にはどんなに専門家よりも知識が劣っていたとしても、最後は自分で決めるという精神が必要です。なぜならば、人それぞれ投資の時間軸も違うし、投資の成功失敗の定義も違うからです。

　なぜ専門家の話を鵜呑みにしてはいけないのか。ここはとても重要なポイントで投資というものを理解する第一歩です。日本人は学校で教科書が正しく、それ以外のやり方は不正解という教育を受けてきました。そのため、特に専門家が勧めると、それに従ってしまう人は多いと感じます。でも、それではダメなのです。なぜならば投資には絶対の正解がないからです。

　では、なぜ投資の世界では、正解が存在しないのでしょうか。また、どこに気をつけて話を聞けばよく、誰の話を聞けばよいのでしょうか。

　学校で教わるものは、基本的に答えがあります。そのため、投資の世界にも正しいやり方、儲け方、正解があると思いがちです。しかし、**投資の世界では、基本的には、原則はあっても正解はありません**。その時、正しいと思えるものはあっても、それは変わります。そのために、答えだけを聞いてはいけないのです。

　これを天気予報にたとえれば、専門家が言う結論を、前提を理解せずに聞くことがどれだけおかしなことかが分かります。「明日は晴れだ」と天気予報が伝えた時に、「晴れだ」ということだけを聞いて、1週間後も晴れと思う人はいませんよね。ところが専門家が「Aという株が有望だ」と言った場合、ほとんどの人はAという株がどのような時間軸で有望なのか理解をしていません。また、その企業が有望なのは、その業界の中で有望なのか、あらゆる企業を見た中で有望なのかも説明していないことがほとんどです。これでは、1時間後の天気のことなのか、明日の天気のことなのか、1週間後の天気のことなのか分からずに、傘を持って行くかどうか決めるようなものです。

　そのように前提を理解しないで、結論だけを聞いた場合、どうなるのでしょうか。多くの人は、結論通りの動きをしなかった場合に、不安になります。Aという株は10％上がったのに、その後10％下がった、「あれっ」と思っていたら、さらに5％下がった。その時は、誰でも不安になってきます。「Aは有望ではなかったのではないか？」「また失敗か、騙された」という思いが湧き上がってくるものです。

　その結果、人によっては買った株を、損失を出しながら投げ売ることも、「いつか上がるだろう」とそのまま塩漬けにすることもあるでしょう。しかし、本当に大事なのは、投資をする時点で、専門家はAという株がどの時間軸で有望だと言い、有望と言った理由は何だったのかを理解することです。

　その専門家が2週間後を考えて有望と言っていたのなら、1か月後にはそ

の話は有効ではありません。例えば、好決算が出そうなどという話の場合、決算が出たら、もうその専門家が言っていた結論は賞味期限が切れているわけです。その人が言う通り株価が上がれば、売った方がよいかもしれません。仮に上がらなかった場合にも、その専門家の見立て自体が間違っていたわけですから、その場合も売却した方がいいかもしれません。時間軸でなくても、「円安が進行しているから買いだ」という銘柄は、為替が一転円高になれば、買いどころか売りの対象かもしれません。

　反対に、その専門家が言っていた話が、短期のことは分からないものの、10年先にこのビジネスは大きくなっているという話であれば、下がった時は真剣に買い増しを検討することが大切になります。

　専門家は当然、適当なことを言っているわけではなく、しっかりと分析をしています。しかし、その分析には、全て前提条件があるので、それを理解する必要があります。前提条件をしっかりと説明している専門家の話は聞き、しっかりと説明できていない人の意見は、投資の結論という意味では聞かない方がよいわけです。YouTube や SNS を通じた情報はエッジの効いたタイトルで引きつけようとするものが多いので情報の採り方は特に注意が必要です。

　投資を行うにあたって、原理原則を理解することは重要です。とにかく儲けようと思って手法だけを学び、「儲かっている」と言っている人の意見を聞くのは、危険だと肝に銘じておきましょう。

> **専門家の意見を聞く時のポイント**
> ・結論を鵜呑みにしない
> ・前提条件を理解する
> ・SNS の利用は特に注意

　それでは、何から始めればよいのでしょうか。「こうすれば成功する」というものを多くの人が求めがちです。しかし、それ以上に「取り返しのつかない損をしないこと」が重要だと私は考えています。つまり、自分にとって、「取り返しのつかない損とは何か」を理解し、「ダメなものに投資しないこと」が決定的に重要なのです。

　個別銘柄や投資信託などの金融商品など、結果がよい投資対象があらかじめ分かればよいのですが、現実問題として、なかなか事前にはよいパフォーマンスを出す金融商品は分かりません。よって、投資信託のようなパッケージ商品の場合でも、よい商品を選ぶプロが必要になるくらいなのです。プロの投資家が必ずしもベンチマーク（市場の平均）を上回るわけではないこともよく知られています。つまり、専門家やプロも、いつも先を見通すことができればよいのですが、そんな人は基本的にいません。たしかによく当たる人はいますが、よく当たる人が儲かる人というわけでもありません。

　どのようなものでも前提があり、投資の世界には偶然も起こります。その区別はつきにくく、本人も自覚していない場合が多いのは厄介です。そのため、実績のある人が教える手法の中にも偶然の要素が混じっています。それは状況が変わると全く機能しないということもよくあります。つまり、皆さんが投資で成功するためには、小さな失敗と成功を繰り返しながら、自分なりの成功パターンを作っていくしかないのです。

　プロの投資家の世界でも、自分の専門でないところは、他の専門家に任せます。その専門家が本物かどうかを見極めるには、見極めのプロがいるという世界なのです。

　オルタナティブ投資という言葉を聞いたことがある人も多いでしょう。株式や債券といった伝統的な投資対象とは、異なる対象への投資のことを指します。伝統的な運用会社では、ほとんど自分たちではオルタナティブ投資をやっておらず、外部に委託しています。運用会社の中には、外部の運用機関

の能力を評価するのに長けた専門家たちがいるのです。株式のファンドマネージャーも安定して実績を出す人の多くは、自分たちで銘柄を発掘する能力だけでなく、自社のアナリストの特徴を理解して、上手く使いこなすことのできる人たちなのです。

　私も悪いものを避けることはある程度できてきました。これはよいものを見つけるのに比べるとさほど難しくないと考えています。私にとっては、投資商品の選択は、株式投資で企業を選ぶ時と似ています。これから成長する会社を探しても、予想した通りになる時も、ならない時もあります。

　一方、悪い企業の特徴はかなりはっきりしています。もちろん短期的な景気の上げ下げでよくなることもありますが、産業構造的に厳しい産業が急によくなることも、社風の悪い企業の社風が急に改善することもあまりありません。つまり、よくない会社が急によくなることはとても少ないのです。仮によくなったとしても、よくなってきたと分かってから本当に魅力的なら買えばいいのです。それが一般の投資家のやり方です。投資信託などのファンドの良し悪しは産業構造などに比べると分かりにくいです。しかし、基本的には企業分析と同様で、パフォーマンスの背景が分かれば、今後改善する可能性の高いものか、そうでないかもある程度判断できます。

　ダメな会社を、自分たちの力でよくするというのは、アクティビストなど特別なスキルを持っているプロ投資家の仕事です。アクティビストとは、一般に「モノ言う株主」などと言われています。株主としての権利を行使して、投資先の経営者に対して、経営戦略などを提案することで、企業価値を高めて最終的に利益を得ようとする投資ファンドなどを指します。企業と異なり、金融商品自体をよくするのは、その運用会社の仕事です。投資する側としては悪い商品の特徴をしっかりと理解して、それを避けることがまずは重要です。

> **投資商品選択の際のポイント**
> ・儲けようと焦らない
> ・取り返しのつかない損を回避する
> ・ダメな企業が上がっても気にしない

ここで、株式ファンドマネージャーとして、ダメな銘柄の見つけ方や特徴について、私の考え方を説明します。

まず最初に上場企業を以下の6つに区分して見てみましょう。

1. 構造的に成長している会社

長期にわたって利益成長が継続すると予想される企業です。単に伸びそうな分野の会社ということではなく、その会社のビジネスモデル自体が強固であることが必要です。多くの場合、バリュエーション（PERやPBRといった株価などの金融商品や企業の価値を評価するために使う指標のこと）も高く、参入障壁をしっかりと築けており、かつ競争優位性が維持できると判断できる会社です。通常はマージンが高く、景気が減速する局面でも、売上成長を維持できています。日本ではIT関連や、企業の構造改革やコスト削減に寄与できている企業にそのような会社が散見されます。

2. 景気循環に沿って業績が変化している会社

この中には景気変動を伴いながらも、長期的に成長している「シクリカルグロース」と言われる企業と、単に景気循環の影響を強く受ける企業があり

ます。機械株や素材株などが典型的です。日本は輸出企業の中で国際優良企業も多いので、信越化学工業や村田製作所のように景気循環の影響を受けながらも、変動のたびにシェアを上げながら競合との差を広げつつ成長している企業と、赤字と黒字を繰り返すような単に変動の激しい企業があります。簡単に言うと、シクリカルグロースと、単なるシクリカル企業では、マージンが大きく異なるので、その業種の中で横比較をしてみるとすぐに判断できます。これらの企業は、一般的に業績が悪く、多くの投資家が悲観的になっている時が買うタイミングとなります。

3. 割安に放置されている会社

これは、最近の市場で特に注目されているテーマの1つです。内需企業に多く、毎年利益を出しているのに、特別魅力的な成長ストーリーがないなどの理由で割安に放置されてきた会社が日本にはたくさんあります。このような企業は、何かきっかけがないと割安なまま放置されることも多かったのです。しかし、最近は東証の要請などもあり、株主還元や企業価値向上策を開示する企業も多く、再評価され始めています。ただ、そのような企業の中にも安定したビジネス基盤を持っている企業と、ビジネス基盤自体がぜい弱な企業があります。よって、ビジネスモデルをしっかりと理解するようにすると、隠れた優良企業が見つけやすくなります。このような企業は、バランスシートの中に問題のある資産を抱えていないことが投資の前提となります。

4. 成長率も割安さの面でも際立った特徴のない会社

大半の日本企業が当てはまるのですが、際立った成長性もなく、極端に割安でもない企業です。もちろん株価は上下するので、大半のアクティブファ

ンドはタイミングを見つつ、ある程度の投資を行っています。ただこのような銘柄は個人投資家があえて長期で保有する必要がある銘柄ではないでしょう。

5.　産業的にシュリンクしている会社

　長期間にわたり、じわじわと売上や利益率が低下している企業群です。残念ながらこのような企業群は構造的な問題を抱えている企業群です。アジア企業とのコスト競争でマージンの低下が続いている企業や、低金利下で利鞘の確保が構造的に厳しかった少し前までの金融機関などがその典型です。

6.　構造的に株式投資家の期待値に達することが難しい会社

　公益企業など規制面で利益率が一定の範囲に抑えられるなどの理由から、構造的に株式市場が期待するリターンを確保することが困難な企業です。

　このうち、1、2、3の中にもグローバル企業との比較で厳しく見れば、優れているとはいえない会社というのはあります。しかし、これらは全て投資のチャンスはあります。

　ただ、5や6の構造的にダメな会社などには個人投資家で長期投資をするには適切ではありません。例えば、ずっと売上や粗利が下がり続けている企業、メディアの報道からもガバナンスが効いてない企業、普段接する商品やサービスを見ていても共感できない企業などです。共感に関しては、自分の肌感覚こそ重要です。基本的にプロの投資家は、会社の中で物を見ないで議論している方々もいます。普段、その企業の商品を使ったり、サービスを受けたりしている皆さんの感覚は、常に優位性があると言えます。

　日常生活の中でも、「この企業の製品はよくなってきたな、このサービスはすごいな」と思うことや、逆に「この会社は最近何かおかしいな、昔は良い製品が多かったのに」と感じることがあります。そんなのは自分の主観だからそれで株価が分かるはずがないと思うかもしれません。しかし、そのような印象の変化はとても重要です。通常は財務的な変化の前に、感覚的な変化が起こるのです。

　「誰から見ても、構造的にダメな企業の株を買うわけがない」と思うかもしれません。しかし、現実には、多くの人が買ってしまうのです。なぜかというと、こうした会社も株価が上がる時はあるからです。株価が上がり、専門家が勧めていたりすると、「買っておけばよかったのかな」と思って、慌てて買ってしまったりします。これは初心者だけが引っかかるわけではありません。専門家もよく引っかかる落とし穴なのです。

　一般的に、中小型株（時価総額で見て相対的に中規模及び小規模となる株式）では、ダメな企業はすぐに株価も低位（株価水準が低い）になりがちです。しかし、大企業は体力もあるため、株価もじわじわ下がる傾向があります。機関投資家もベンチマークを意識すると、長期ではダメと分かっていても、短期で保有していたりします。そのため、構造的に厳しい企業の低迷は長期化するのです。

　ダメな銘柄に引っかからないためには、株価を見るのではなく、その企業だけを見ることです。そうすれば、だいたいダメな銘柄は分かります。細かい財務分析ができなくても、投資を行う際には、企業のホームページくらいは見てみましょう。内容を深く理解する必要はありません。ホームページをチラチラと見るだけでも、数十社見てみると、資料や社長メッセージの分かりやすさが全く違うことが分かります。企業の志が分かりやすい会社というのは、戦略や方向性が明確で、従業員にもそれが共有されている場合が多いものです。

　他方で、メッセージ等が分かりにくい会社は、従業員から見ても、経営戦略が明確に共有できていない場合が多いと考えられます。これは、中小の企業では決定的な要素となります。もちろん大企業のホームページでは、そのビジネス自体を見ます。大企業はIRが充実しているので、中期計画とか、決算説明会の資料を見てみるとよいです。多くの場合、よい企業は資料を見ると、会社の向かっていく方向がきちんと理解できます。

　ダメな企業は色々と書いてあっても、説明のつながりが分かりにくい場合が多いです。企業を見慣れていない人には、内容が分からない会社が多いでしょう。でもそれはそれでいいのです。もちろん、分からない会社で、株価が上がる会社もあります。しかし、株価が上がる会社は、いくらでもあります。分からない会社で、上がる株は、市場のノイズと思って無視をすればよいのです。

　もし、気になる企業があれば、趣味の一環として、調べてみてもいいでしょう。手間であれば、調べずに放棄すればいいのです。納得がいかないものを買って損をするよりも、分からないという理由で、取り逃した方がよっぽどよいのです。儲けのネタはいくらでもあるので、その他で儲ければいいのです。**儲け損なったことへの後悔は、失敗の入り口です。損を後悔しても、儲け損なったことを後悔してはいけません。**

　中小型銘柄に着目する場合、社長を見て、社長のメッセージを読みます。「社長の言っていることに共感できるか。この会社で自分も働いてみたいと思うか」——そう思えたらよい社長です。「何か難しいことを言っている。賢そうだけどよく分からない」と感じるなら、その会社にいる人も社長の言っていることはよく分からない可能性があります。

　社長のメッセージというのは、賢い人や一部のプロが分かるメッセージではダメです。中学校を出た人であれば、誰でも分かるメッセージでないとダメなのです。あなたが分からなければ、あなたに問題があるのではなく、そ

の社長に問題がある可能性があります。このような気持ちで、10社20社と調査をすれば、誰でも社長のメッセージに違いが分かるようになります。「あなたが読んでよく分かり、あなたがその企業の社員だったら、何をすべきかが分かるかどうか」がポイントとなり、判断基準はそれだけです。投資の難しい理論は何も必要ないのです。

3 | 短期は運、長期は理屈

　資産形成ということを考える際に、必要なのは長期でのリターンです。普段ニュースなどで流れる資産運用に関する様々な情報は、短期の値動きを説明したものが中心です。その上、用語も難しいため、専門的な知識を持って、日々の動きを理解しなければならないように感じるかもしれません。しかし、長期でリターンを得るための知識は、短期リターンを得るための知識とは異なります。また、長期のリターンを、短期のリターンの積み重ねのように考える人もいます。しかし、短期のリターンを積み重ねるというのは、大変難しく、不安定なやり方なのです。短期のリターンを積み重ねるつもりが、短期の損失を積み上げるということはよくあることです。

　同じように、「明日の株価も分からないのに、10年先の株価が分かるはずがない」という勘違いをしている人がいます。

　しかし、明日の株価を当てるのと、20年後を考えて投資をするのとでは全く異なるゲームです。そして、これは株価だけではなく、全ての金融商品に共通することです。

　たとえて言うならば、明日の株価を当てるというのは、明日の気温を人より正確に当てるゲームです。例えば、普通の気象予報士の予想が10～15度という時に、14～15度と予想できるなら勝ち、8～16度と言っているようなら負け、というゲームです。

20年先の株価の場合、現在の平均気温と10年先の平均気温はどちらが高いかを当てるというゲームです。つまり求められる正確さが全く異なります。10年先の1月1日の天気を当てられる人はいませんが、そんなことは全く求められていないのです。つまり、「**短期は運、長期は理屈**」ということになります。長期投資では原則を踏まえて、原則を外さずに投資を行えば、比較的気楽に資産運用を行うことができます。**長期投資で優れた手法は、日々努力して積み上げるやり方ではなく、常に余裕を持って、楽をしながら利益が積み上がるというのが理想**なのです。

本書では、世界の富裕層の資産運用に対する考え方を参考にしながら、これから日本人がどのようにして、自分たちの資産を守り増やしていけばよいのかを考えていきます。

過剰な情報収集が時に有害である理由

資産運用を始めると、どうしても資産の状況が気になり、関連するニュースをどんどん収集したくなります。自分のお金が増えるか減るかに関わるので、これは当然のことです。しかし、私は本書の中で、それほど頻繁に資産の状況やニュースをチェックする必要はないと伝えています。もちろん、私は職業柄、どうしても日々経済ニュースや株価をチェックすることは必要です。それでも、できる限り、過剰な情報に埋もれないように注意をしています。やや極端なケースかもしれませんが、私がいたシンガポールの運用会社は毎年3日間、運用部門全員がオフサイトの合宿を行っていました。そこでは、長期的な視点で運用手法や考え方、様々な経済事象についてディスカッションをしていました。その間、市場に大きな異変が起こる可能性もありました。しかし、日々の動く相場から完全に離れて話し合うことが重要と、その会社の創業者は考えていたわけです。

もちろん投資の初心者が、経済感覚を身につけるために、様々な情報を集め、情報感度を高めることは重要なことです。しかし一方で、あまりに情報を収集し過ぎることで、長期投資の本質から離れてしまう危険もあるということを説明します。

「価値に関する情報」と「価格に関する情報」

経済情報の中でも、特に日々値動きがある株式など資本市場の情報には、「価値に関する情報」と「価格に関する情報」があります。「価値に関する情報」とは、その会社の本質的な価値が増加するか減少するかのヒントとなるような必須の情報です。一方、「価格に関する情報」とは、その日の株価がなぜ上がったのか下がったのか、あるいは株価が上がりそうか下がりそうかといった情報です。株式市場を投機的な場と考えて、リターンを得ようとするのであれば、「価格に関する情報」も大事です。しかし、長期で資産形成をするための場と考えるのであれば、**重要なのは「価値に関する情報」**で、「価格に関する情報」はほとんど意味がありません。

ところが、**日々ニュースで報道される情報は、大半が「価格に関する情報」**で、「価値に関する情報」は限られています。日々大量の「価格に関する情報」に接していると、どうしても価格を追うようになってしまい、自分たちが本当に求めているものが分からなくなることが懸念されます。プロの長期投資家は、様々な情報の中から「価値に関する情報」を抽出していきます。また、「価格に関する情報」の中からも「価値」に影響を与える情報に読み替えられるものがないか探していくのです。それでもプロの投資家も多くの場合は、価格に関する情報に振り回されます。それは顧客も社内の関係者も日々の動きに敏感で説明を求められるからです。また、月次や四半期ごとのパフォーマンス評価も気になります。そのため、価格に関する情報を無

視できず、長期投資のマインドセットを維持することができなくなるのです。それに比べ、個人投資家は誰に説明する必要もありません。日々相場を見る必要がないという特権を最大限活かして長期投資を行ってください。

　もちろん、資本市場の動きを理解するということは、とても面白いことです。それを理解することで、長期の資産形成ができると考えると、資本市場を学ぶことはとても楽しいことです。ただ、どっぷりとつかり過ぎると、逆に見えなくなるものもたくさんあることを意識しましょう。情報には「価格に関する情報」と「価値に関する情報」があると思って情報を収集してください。そのような習慣がつくと、徐々に情報の採り方が分かってきます。そして市場の動きの大局観を理解するためには、毎日相場に貼り付いている必要があるわけではないことが理解できるはずです。

> **長期投資をする際のポイント**
> ・長期の資産形成に必要な情報に集中する
> ・長期のリターンは短期リターンの積み上げではない
> ・「価格に関する情報」と「価値に関する情報」を区別する

2 これからの資産形成・資産運用で理解しておきたいこと

資産運用というと、「難しいもの」という意識もあります。「損をしたらどうしよう？」「何から勉強してよいか分からない」「なんか騙されそうな気がする」「様々な不安が湧いてきてどこから手をつけてよいか分からない」──このように感じるのは自然なことです。

私も入社して初めて企業調査を行い、株の投資判断を行った時はそうでした。とにかく何から手をつけてよいのか分かりません。教科書通りに調査をしてみたところで、最後は買いなのか売りなのかということは、なかなか分かりませんでした。最も分からなかったのは「織り込み済み」ということでした。自分の考えが株価に織り込まれているのかどうかを判断するのはなかなか大変です。最初は先輩のやり方を見よう見まねでやってみながら、トライアンドエラーを重ねていきました。

しかし、「織り込み済み」に関しては、いつまで経っても誰もが苦しむもののような気がしました。そして、困ったことに、これには答えというのがありません。世の中にはシンプルに説明している本などもあります。しかし、答えの前には必ず前提があり、常に通用する決まったやり方はありません。そもそも、「答えがない」ということが分かっただけで、損をした時にも、「騙された」という気持ちはなくなります。

もっと大事なことは、どんな考え方にも前提があることを理解することで、それが分かると、前提が変わった時に、すぐに見直しができます。本書では、私自身の株式の投資手法に関して詳しい説明はしませんが、最初の10年く

らいは試行錯誤の中で投資をしていました。その時その時に理屈はありましたが、今思うと間違った判断をしたのに偶然結果だけよかったことも多かったと感じます。ただ一貫していたのは、市場と自分の考え方の違いだけははっきりしていました。

　ファンダメンタルズ（国や企業などの経済状態などを表す指標のこと）に着目して成功した投資は、必ずファンダメンタルズの見方に差がありました。株価は業績などのファンダメンタルズとバリュエーションの2つが揃わないと判断できません。しかし、例えば、PER10倍が適切か、PER15倍で評価すべきか、といったことを決めることは難しいため、バリュエーションの適格性というのは、とても判断がしにくいものです。ファンダメンタルズを重視する運用会社やリサーチ機関は、この手法にこだわりを持っているのですが、日本株のリサーチでは、この部分の理論的裏付けが特に弱く、適切な説明ができているレポートはほとんど目にすることはありません。私自身は大先輩から学んだやり方をベースに、自分でアレンジした手法を用いています。ただ、実際に個人投資家が投資をする場合には、細かい企業価値評価の手法を学ぶ必要はなく、それらの指標の特徴を理解しているだけでよいでしょう。後ほど「個人投資家の優位性」については簡単な考え方を説明します。

　では、ここからは、世界の富裕層が何を考えて資産運用を行い、資産形成に成功しているのか、その基本的な考え方を説明します。

1 | デフレからインフレで資産形成の前提が変わる

　日本と世界の資産運用で何が違うのかと考えると、最も大きな前提の違いは、過去30年間日本だけがデフレ経済だったということです。世界中の資産運用は、程度の差はあっても、インフレがあることを前提としています。そして次に前提としてインパクトが大きかったのは、日本では、2020年ま

では基本的には日本円という通貨は強かったということです。粗っぽく言うと、2020年までの30年間と、2021年からの3年間は真逆の展開となり、デフレからインフレに、円高から円安に、株安から株高になりました。このトレンドが続くとすると、日本人の資産形成はそのやり方を根本から見直す必要が出てくると考えられます。

現金中心の資産運用は見直しが必要

デフレからインフレに変わるとなると、あるべき資産構成には大きな変更が必要です。日本国内にいると、まだその影響を感じることは少ないかもしれません。しかし、海外旅行に行けば、持っている日本円の価値が大きく目減りしていると感じるでしょう。空港でちょっとしたサンドウィッチを食べるのに、30ドル（1ドル150円だと4500円）などの経験をして驚いた人も多いのではないでしょうか。かつて強い日本円を持って、海外でブランド品を買いあさっていた日本人の姿がよく報道されました。今では見る影もない状態になっていると感じます。つまり、これまでと比べて、円に換算したものの価格が大幅に上がっているわけです。

今は日本での日用品の価格上昇は、日本企業の努力もあって、海外で日本円を使って買い物をするほどではありません。しかし、日本国内でも海外のブランド品の値段は大幅に上がっています。さらなる円安で企業の仕入れコストが上がれば、物の値段は上がらざるを得ません。

1000万円の現金があった場合、インフレが3％であれば、翌年には1000万÷1.03の現在の価値で計算をすると、970万8738円分となります。これが10年間続くと、現在1000万円の10年後の価値は744万939円になります。なんと、1円も使っていないのに、保有している現金は約26％も価値が減少するわけです。**インフレの世界では、現金は額面上の価値は下落しませ**

んが、実際の価値は着実に低下します。現金はとても危険な資産と言えるかもしれません。なぜなら、株価の下落によって資産価値が下がる時のように、実際の痛みを伴うことがなく、気付いた時には価値が大幅に低下するからです（図表 2 - 1）。

図表 2-1　現金の価値

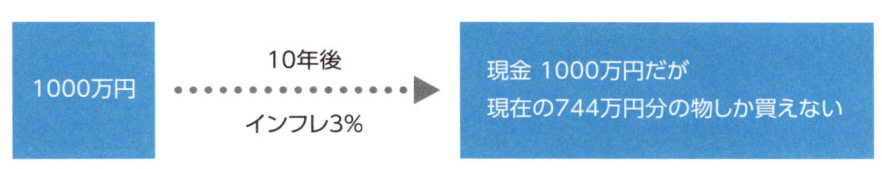

1000万円　→（10年後 インフレ3%）→　現金 1000万円だが現在の744万円分の物しか買えない

（出所）著者作成

　FIRE の考え方では、1 億円の資産を年間 4 ％で回せば、単純計算では毎年 400 万円を使ってもなくならないとされています。しかし、インフレが3 ％の世界では、現在の価値で 400 万円の消費をする場合、翌年には 412 万円必要です。同様に現在の価値で 10 年後には 522 万円が必要となり、徐々に利回りを消費が上回るようになります。3 ％のインフレの世界では、4 ％の利回りというインフレを上回るリターンを確保していても、現在価値で 400万円の消費を続けると、30 年後には残高はゼロになってしまいます（図表 2- 2）。

　インフレ下では、現金でタンス預金にしていると、価値が毎年目減りすることはなんとなく理解できる方も多いでしょう。しかし、そこそこのリターンがある金融商品に投資していたとしても、インフレ下では適切な運用とは言えなくなるのです。低金利だったこれまでの時代も、金利の低下によって、債券等の利息収入が減少することを嘆いた人もいました。そして、少しでも利回りの高い商品を探してきました。しかし、実はインカム資産を持つ場合、デフレ下の低金利は大きな問題ではありませんでした。インフレになると、

図表 2-2　インフレで FIRE の考え方も変更が必要

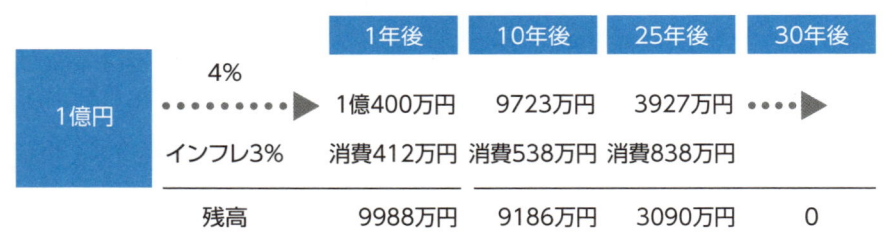

		1年後	10年後	25年後	30年後
1億円	4%	1億400万円	9723万円	3927万円	
	インフレ3%	消費412万円	消費538万円	消費838万円	
	残高	9988万円	9186万円	3090万円	0

（出所）著者作成

金利が多少上昇したとしても、インカム資産（利息や配当を目的とした資産）は価値が低下し、キャピタルゲイン（値上がり益）を狙う資産の重要性が高まるのです。

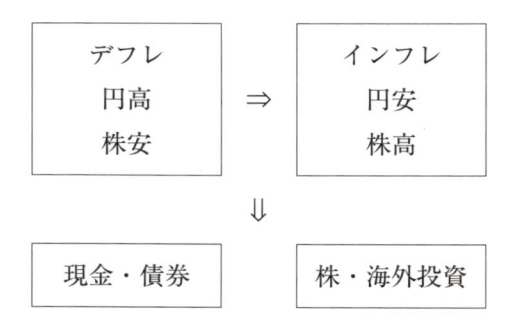

デフレ 円高 株安	⇒	インフレ 円安 株高

⇓

現金・債券	株・海外投資

不動産がある人・ない人から、投資している人・していない人の時代に

　不動産価格は、バブル時代にピークをつけ、大幅に下落した後、物件によっても異なりますが、首都圏の中古マンション価格等は、2003年頃から底打ちし、上昇してきました。バブル期に大きな負債を抱えて不動産を購入

した方々は、バブル崩壊の過程で大変な苦労をしたわけです。しかし、先祖代々の土地があり、それを守ってきた地主の方々はあまり不動産価格の上昇下落の影響を受けず、ただただ賃料を得てきました。賃料は不動産価格ほどには変動せず、デフレ下でも比較的安定した推移をしてきたからです。日本の伝統的な富裕層は、IPO（新規上場株式）長者のような派手さはありませんが、資本市場の影響を受けず、保守的に資産を守り抜いてきた人たちだったと言えます。

　また、インフレになると、当然不動産の価格も上がります。富裕層は、不動産以外の資産で保有している現金の減価リスクを除けば、不動産からの収入も、資産価値の上昇も見込め、今後も安泰かもしれません。一方、大半の方はそのような余裕資産を持っておらず、不動産を買うにしても借金をすることが必要なので、相場観や不動産の知識が必要でした。また、デフレで企業業績が停滞する中で株式などへ投資しても、相場全体が上がるわけではありませんでした。そのため、どの銘柄を買うかが重要で、かなり専門的な知識も必要だったと言えるでしょう。これは基本的には住宅価格も株式市場も右肩上がりだった米国とは投資を行う上での条件が異なっていたと言えます。

　つまり、多くの日本人にとってこれまではコツコツと貯金をして、老後に備えるしか方法がなかったのです。よく、米国では個人が投資信託などを通じて株式に投資しているのに、日本は現金中心で資本市場への参加が少ないと言われます。しかし、デフレで株式市場も停滞していた時であれば、それは妥当な選択だったとも言えます。しかし、今後、日本が他の先進国同様、マイルドなインフレが続く国になったらどうでしょう。現金は徐々に価値を失い、株式は上昇下落を伴いながらも、長期では米国同様に名目での企業成長に沿って上昇していくと考えられます。株式等への投資は不動産に比べて少額で可能です。株式などは着実な資産形成を行う上で必要不可欠な資産と位置づけられるようになるでしょう。

米国では株式に投資している人といない人で
個人の資産に差が出ている

　FRB（連邦準備制度理事会）の調査によるとアメリカでは、直接投資や間接投資で株式を保有している人々の割合は1989年の32%から大きく上昇し、約58%と日本に比べかなり高くなっています（図表2-3）。所得分布別で見た場合、2019年には、所得分布の下位20%に属する世帯のうち何らかの形で株式を保有していたのはわずか15%ですが、所得分布の上位10%に属する世帯では92%が株式を保有していました。中位五分くらい（中流階

図表2-3　米国世帯の株式保有比率

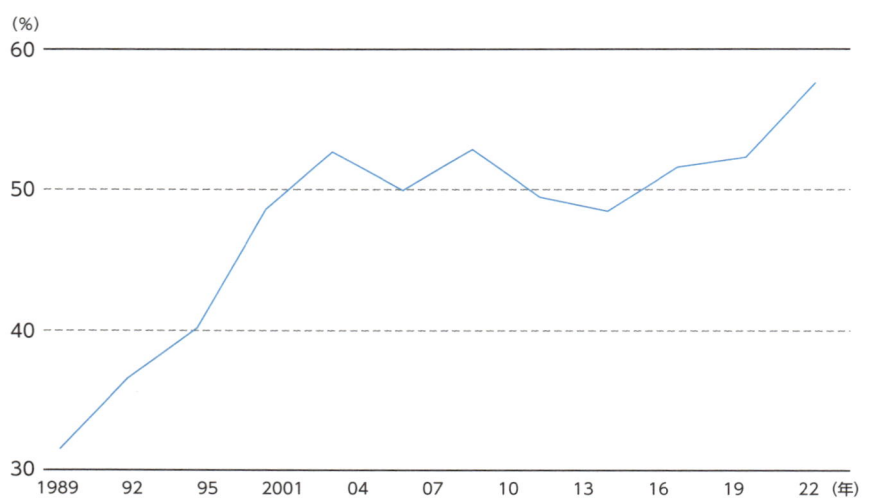

（出所）Hannah MiaoFollow "More Americans Than Ever Own Stocks: Pandemic, zero-commission trading 'created a whole generation of investors'" The Wall Street Journal, Dec. 18, 2023. https://www.wsj.com/finance/stocks/stocks-americans-own-most-ever-9f6fd963

級）に属する世帯では約56％が株式を保有していました。また、直接株式保有の場合、その差はさらに大きくなっています。下位五分くらいに属する世帯のうち株式を直接保有していたのはわずか5％でしたが、中流階級の世帯では12％、上位10％の世帯では44％が株式を直接保有していました。つまり日本では富裕層か富裕層でないかは先祖伝来の土地があるかどうかで決まっており、米国はしっかり株式に投資をしたか、していないかで分かれているわけです。

　また米国の億万長者の3分の2は自分自身の力で億万長者になっており、両親は決して裕福ではありませんでした。日本の物価・金利が正常化に向かうことで、「先祖伝来の土地を持っている人と持っていない人」の差から、投資を「している人といない人」の時代に変わるでしょう。さらに重要なのは、日本における所得格差は大きくなく、米国では大きいという事実があります。しかし、それは固定化されたものではなく、個人の努力だということです。それを見ると、投資を学ぶことの大切さが分かります。

企業の収益率の改善はこれから

　デフレからインフレに変わると、それだけで企業の収益性は向上すると考えられます。このように言われると意外かもしれません。「コストの上昇をしっかり価格に転嫁できるのか？」「企業間の取引には転嫁できても、個人の懐が温まらないと、消費者価格には転嫁できないのではないか？」。このような不安が色々湧いてくるのではないでしょうか。

　今の日本はまだそのような不安の中にいます。しかし、海外を見てください。デフレの国というのはほとんどなく、先進国では基本的にマイルドなインフレが続いています。**物の値段は、昨日より今日の方が高くなるのが当たり前**です。公共料金も、不動産価格も、食料品も皆徐々に上がります。これ

が当たり前になると、「明日になったら下がっているのではないか？」という心配がないので、安心して物を買えるようになります。家を買っても、借金を抱えて値下がりした家を売ることができなくなるという心配は少なくなります。つまり、いつでも売ることができるのです。極端に言うと、衝動買いをしても、損をすることはほとんどありません。つまり、長期にわたるマイルドなインフレは、消費に対しては基本的にポジティブに働きます。今、日本で、「価格転嫁ができないのではないか？」というのは、インフレが持続的ではないと多くの人が考えているからです。持続的にマイルドなインフレが実現すれば、日本人のマインドセットも確実に変化すると考えられます。

　また、企業にとってのインフレは、短期的には仕入れ値の上昇と販売価格の上昇のどちらが大きいかでマージンは変わるわけです。そのため、現時点では価格転嫁が上手くできているところと、できていないところで明暗が分かれています。しかし、長期的に見た場合、概ね同程度の価格上昇があるという前提を置くと、投資に対するリターンはインフレによって上昇すると考えられます。例えば、200円の投資を行い、売上が100円、10％のマージンのビジネスだとすると、利益は10円、200円の投資に対する利益率は5％です。ところが、5％のデフレ下では、売上は95円、利益率が同じだとすると、利益は9.5円、投資に対する利益率は4.75％です。反対に5％のインフレがあると、売上は105円、利益は10.5円で、投資に対する利益率は5.25％です。つまり同じビジネスをしていてもインフレかデフレかで投資に対する利益率はかなり変わるのです。このようになると、企業は自然と投資に積極的になると考えられます（図表2-4）。

　よく日本企業は収益性、ROIC（Return On Invested Capital：投下資本利益率）が低いと言われています。ROICとは、企業が事業活動のために投じた資金を使って、どれだけ利益を生み出したかを示す指標のことです。海外投資家が日本企業は問題があると考えているのは基本的にはROICや

図表 2-4　デフレとインフレで企業の利益率が変わる

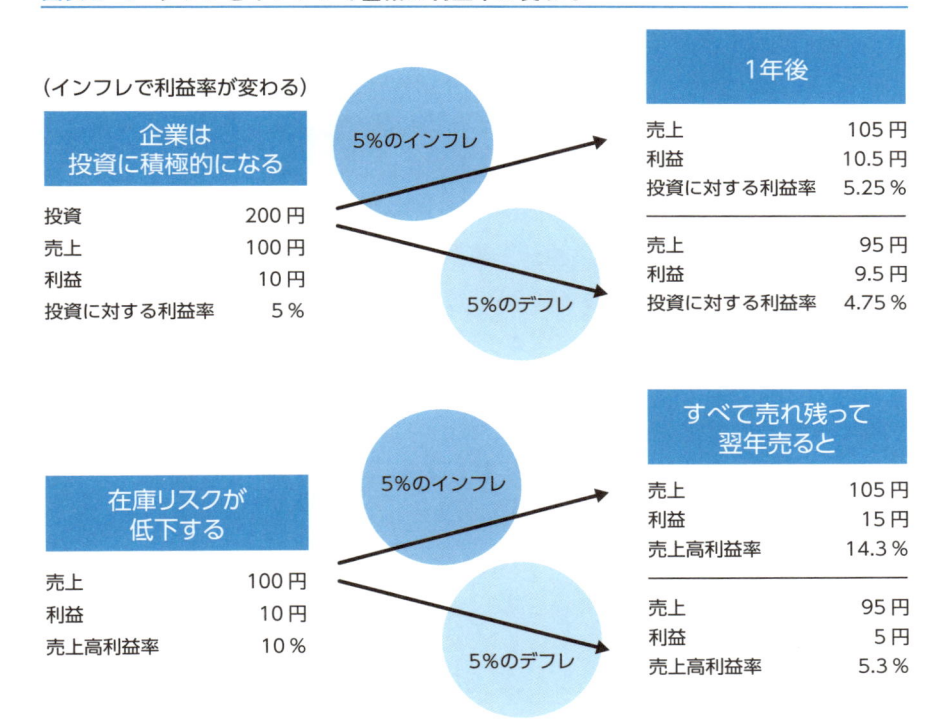

ROE が低いまま放置されているということにあります。

　しかし、収益性が低いのは、デフレも大きく影響しているのです。よく資本市場で言われているように、日本企業の ROIC が低いのは、日本企業の経営に問題があり、収益性が低いビジネスを維持していたり、選択と集中ができていないからという理由だけではありません。もし、**日本がマイルドなインフレに転換したら、企業の収益性は大きく改善すると考えられます。**

企業はリスクを取って積極的な経営を行うようになる

　また、**インフレになると、企業はより積極的な経営を行うようになります。**先ほどの例を用いると、100円の売上を期待して、生産した品物が売れ残ったとします。その場合、5％のインフレでは翌年に売ると、105円で売れます。コストは昨年のコストで、単純に売値が100円ではなく、105円になるわけです。つまり、利益は10円ではなく、15円になるわけです。この場合、売上高利益率は15 ÷ 105 ＝ 14.3％で、投資に対する利益率は、5％ではなく、7.5％です。

　これが5％のデフレだと、売値が95円になるので利益は10円でなく、5円になります。この場合、その年の売上高利益率は、10％ではなく、5 ÷ 95 ＝ 5.3％で、投資に対する利益率は5％ではなく、2.5％になってしまいます。そのため、デフレ下では、企業は生産に慎重にならざるを得ません。デフレ下では、たとえ商品を売る機会を逃しても作り過ぎて在庫になり翌年売るよりはマシなのです。一方、インフレ下では、たとえ、在庫になってもおそれる必要はなく、とにかく機会を逃さず積極的に生産するようになります。もちろん商品が陳腐化するリスクはあるので、何でもかんでも作ればいいというわけではありません。しかし、少なくともマインドセットは変わるわけです。

　過去30年のデフレ下では、高度成長時代の売上至上主義の意識が抜けなかった企業は、利益が激減しました。反対に市場予測を正確に行い、慎重な投資に終始した企業が、相対的に利益の低下を防ぎました。

　しかし、インフレになると、その発想は真逆になります。多少荒っぽくても成長分野でしっかり投資を行い、売上を伸ばしている企業の成長が大きくなる可能性があります。別に商品が売れ残ったとしても、来年売ればいいの

です。過去数年、どちらかというと経営の質が高いと言われた企業の株価がそれほど上がらず、デフレ環境下では苦しんでいた企業の株価が大きく上昇しました。このような株価の動きは、デフレからインフレへの転換を先取りした動きと言えるかもしれません。もしこのような動きが続けば、企業はリスクを取った投資が行いやすくなるため、積極的に規模の拡大を目指す投資が拡大すると考えられます。

2　日本企業のマネジメントが変わる

大谷世代の活躍は野球だけの事例ではない

　2023年は、大谷翔平の活躍に日本人の誰もが驚きました。私たちの世代にはメジャーリーグに行くということ自体が大変なことでした。野茂英雄やイチローがメジャーリーグで大活躍できたのも大きな驚きでしたが、大谷翔平の活躍は正に規格外と言えるでしょう。

　もちろん、大谷翔平は100年に一度の特殊な事例かもしれません。しかし、より注目したいのは大谷だけでなく、多くの日本人プレイヤーがメジャーリーグでプレーしているということです。

　サッカーでも今の日本代表選手は、大半が欧州の名門クラブでプレーをしています。今の若い世代が日本でプロになるということが最終目標ではなく、早くから海外に目を向け、世界で活躍するという視点を持っていることの成果と言えるでしょう。今後は芸術の分野も含めて、多くの若者たちが日本で成功してから世界に羽ばたくのではなく、最初から世界で活躍することをイメージして日本で成長する時代に入ってきていると言えます。

　彼らの成功は、ゆとり世代とか、長時間労働ができないとか、世界的に見た学生の学力低下などといった、マイナスのイメージの若者像とは大きく異

なる活躍と言えるでしょう。そして彼らは昭和の価値観とは全く異なる価値観で成功しています。

では、何が成功の起爆剤となっているのでしょうか。成功事例は旧世代の価値観が早くなくなった分野から現れています。スポーツ分野は選手生命が短いので、一般企業に比べて年齢の高い人が残っていません。だから比較的新陳代謝が早く変化が現れました。芸能の分野でも、ダンスなど若い人たち中心の分野では、早く変化が現れてくるでしょう。オリンピックでメダルを量産しているスノーボードやスケートボードも、日本では新しい分野で旧弊がなかったのではないでしょうか。

指導者も変化しています。ハングリー精神でのし上がり、猛特訓で世界を獲った東洋の魔女を生み出した女子バレーボールの大松博文監督が典型的な昭和の成功モデルだとすると、楽しみながら科学的な手法で、選手の個性を伸ばしながら成功したWBC（ワールドベースボールクラシック）の栗山英樹監督やサッカー日本代表の森保一監督、慶應義塾高校野球部の森林貴彦監督などが現在の典型的な成功モデルと言えます。

このような成功はスポーツ分野に留まらず、芸術分野でも世界で成功する若者が次々と出ています。これほどの活躍は日本の歴史が始まって以来と言えるのではないでしょうか。

スポーツ・芸術の変化は企業変化の予兆

さて、このようなスポーツ・芸術分野での日本人の活躍は、今後企業にも広がってくると予測します。明治維新以降の日本は欧米へのキャッチアップを目指し、とにかくハングリー精神でのし上がってきました。戦後復興は明治からの蓄積に加えて、強烈なハングリー精神で達成されました。しかし成功した後にハングリー精神が失われてくると、その輝きを急速に失い、長期

低迷に入ったわけです。

欧米にも「アニマル・スピリット」という言葉があり、彼らはこの精神をとても重視しています。元々は経済学者のケインズが使用した言葉で、不確実な現状を切り抜けていく企業の原動力となるものとして注目されています。

そして、多くの企業は今でも猛烈に働いた時代のモデルを維持し、いかにしてその精神を引き出すか、あるいは現在の風潮に合わせた体制にしようとしています。しかし、企業カルチャーや基本的な働き方は変わっていないので、単純に生産性が落ちているというのが現実です。

しかし、最近若い経営者と話をしていると、大谷翔平とまではいかないまでも、メジャーで活躍できるのではないかと思わせる企業経営者が次々と出てきていると感じます。そしてそのような経営者は1人や2人ではありません。個人的にはかなりのボリュームを持って優秀な経営者が出てきていると感じています。平成にソフトバンクの孫正義や楽天の三木谷浩史が登場してきた時も、昭和の名経営者とは違った印象でしたが、令和の若手経営者は彼らとも全く異なる印象です。

スポーツ選手が怪我で急に活躍できなくなるのと同じで、このような企業の中にもつまずく企業はたくさんあるでしょう。でも、これだけ経営者の質が上がってくれば、日本企業は必ず復活すると感じています。おそらく長期で考えると、若い経営者と経験を持った中堅やシニアが上手く融合できた企業の持続性は高いと予測します。ただ、仕組みやカルチャーは若い形にしていかなければなりません。従業員が少ない、新しい、伝統的な企業が入りにくい等を満たしている分野で、企業でも現在の閉塞感を打ち破る企業が出てくるでしょう。投資家が企業のガバナンスに注目するのも、変化の時代に経営の仕組みがどのようになっているかが特に問われているということがあります。

ガバナンスは形式よりも実態

　日本企業の変革で海外からも注目されているのはガバナンス改革です。高度経済成長期には「経済は一流、政治は二流」とよく言われていました。しかし、30年間の停滞を経て、経済も一流とは言えなくなりました。

　ただ、海外投資家からは、今でも日本の技術に対する評価は高く、「技術は一流、経営は二流」と考えられています。一昔前「従業員が働かないからいけない」と発言した経営者がいました。おそらく今でも経営者の中には収益性の低さは自分たちの問題ではないと思っている方もいるように感じます。

　経営陣になる方の多くは従業員としては超優秀だった方で、彼らよりも仕事のできる従業員というのはそれほどいるわけではありません。そのため、どうしても従業員の仕事ぶりには不満を持ってしまいます。しかし、自分と同じやり方で仕事をすることを求めるのは経営ではありません。会社をどのように舵取りするかが経営の仕事です。「従業員として優秀だっただけの人がなぜ経営者の立場についているのか」「その仕組みがなぜ変わらないのか」——これらは外国人投資家からすると理解ができません。よって、「これはガバナンスの問題だ」ということになるわけです。

　そのため、日本でもコーポレートガバナンス・コードを策定し、ガバナンス改革に取り組んできました。そのおかげで、少なくとも形式的には、欧米投資家から理解されやすい形に近づきつつあり、ディスクローズも大幅に改善してきています。

　しかし、依然として日本を訪れた外国人投資家が、日本の経営者と面談をすると失望をするケースが多いのです。その結果、日本のガバナンス改革は不十分だと考える外国人投資家が多いのも事実です。

　外国人からそのように見られるのは、事実の部分と誤解の部分があります。

事実の部分としては、やはり形式的な対応に終始し、実態として収益性の改善が不十分な会社が多数存在することが挙げられます。誤解の部分としては、日本企業の説明が不十分、あるいは日本的な説明のため英語にした時に意味が伝わらないということがあります。

　後者の方は、外国人投資家とのコミュニケーションを密にし、共に正しいフィードバックを受けることによって改善していくしかありません。

　ただ、株式投資をする上で大切なのは、実態として、環境ではなく経営によって収益性が改善することです。現在は環境面で追い風があるため、本当にガバナンス改革で改善しているのか、経営と環境を区分して考えることが難しいわけです。しかし、時間が経てば、経営環境が変動する中で、経営の格差は確実に出てきます。

　投資家から見た場合、最も大事なのは社長が優れているかどうか、その社長が十分に経営手腕を発揮し業績が改善しているのかということになります。したがって、数年単位で投資する上では優れた社長がいる会社と、優れたガバナンスはほぼ同義となります。長期では優れた社長を選任できる仕組みを持っているガバナンスがよいガバナンスなのです。

　ただ、長い目で見ると、やはり仕組みとしてガバナンスが整っていないと持続性がありません。たまたま選ばれた優れた社長の下、改革が実行され収益性の改善した会社が、社長交代を機にまた元の低収益の会社に戻ってしまうということはよくあることだからです。

　企業カルチャーは簡単に変わるものではなく、日立製作所のように何代も続けて素晴らしい社長が選任されるということはなかなかないのです。このように何代も続けて優秀な社長を輩出できる仕組みをガバナンス改革では求めています。しかし、これは実際のトラックレコードを見ながら、形式だけなのか、実態として変わったのかを評価することをしていくしかない面もあります。

　ただ、一昔前に比べると実態として変わったかどうかを見極めるヒントは
あります。従来は社外取締役自体が少なく、社外取締役がいても人数と過去
の経歴くらいしか分かりませんでした。今では統合報告書で座談会やメッ
セージを掲載する会社も多く、その顔がずいぶん見えるようになってきまし
た。彼らがどのようなスタンスで職務を行っているのか、つまり経営のアド
バイザーに過ぎないのか、次期社長の選任における重要な役割を担っている
ことを理解しているのかなどは非常に重要なポイントだと考えています。是
非、統合報告書を出している会社は統合報告書を読んでから投資をするとい
いでしょう。

　長期投資を行う上で、本当に優れたガバナンスに変化してきているかどう
かは大変重要なポイントです。ガバナンスが本当に正しい方向に変わってき
ている会社であれば、一見体制が整っていないように見える若い会社でなく
ても十分長期投資の対象となり得ます。また、変化を受け入れている伝統的
な会社も徐々に増加していると感じています。

　今、日本では新世代経営者の台頭と伝統企業のガバナンス改革という2つ
の波があり、日本企業のマネジメントは大きく変わろうとしているのです。

3 世界経済のリスクと日本のオポチュニティ

　経済変動に伴って、価格が変動する株式などに投資する際には、常に元本割れのリスクがあるため、世界経済の状況には注意する必要があります。これは利回りが決まっている金融商品に投資する時とは感覚が異なります。もちろん、長期では経済成長に伴い、株価も上昇するという考えもあります。バブル経済と崩壊を経験したことのある世代にとっては、長期での成長という考えには抵抗もあるでしょう。成長を続け、世界一信頼できると思っていた日本経済がその後30年近く低迷した経験があるからです。一方、アベノミクス以前の経験が少ない不良債権問題や金融危機を知らない若い人たちは、中期で株価が下がるという感覚を持っていないように感じます。ましてや世界経済が長期にわたって停滞し、グローバルで株価が長期で低迷するという事態は想定していないようです。長期的に見て、世界経済がどのようになるかという見通しは本書では行いません。しかし、かつてに比べると世界経済が不安定化し、それでいて金融市場は活況が続いている背景について私の見方を簡単に説明しておきます。

負債・格差・米中対立がマネー拡大の背景

　リーマンショック以降も、コロナショックだけでなく、金融市場の変動は大きく、何かが起こるたびに市場は大きく反応しています。しかしながら、すぐに効果的な対策が取られ、下がった以上に上昇するということが繰り返

図表 2-5 主な国の債務残高（対 GDP 比）

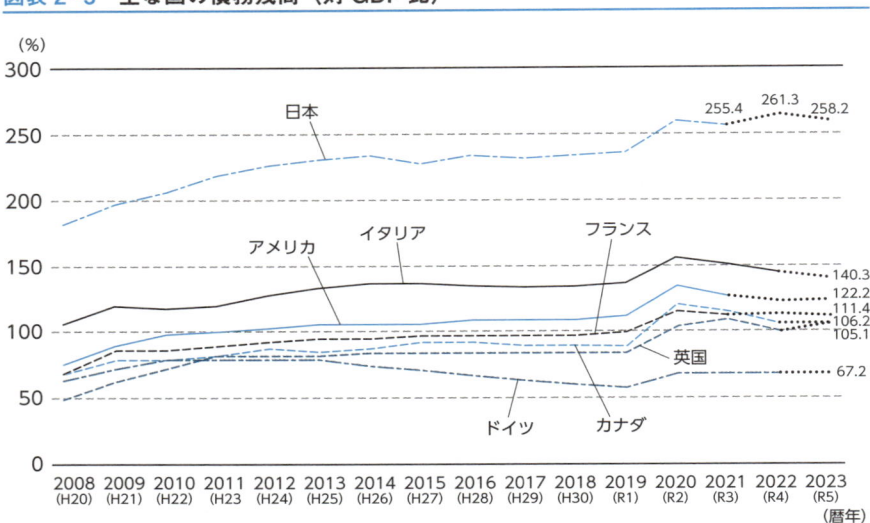

（注1） 数値は一般政府（中央政府、地方政府、社会保障基金を合わせたもの）ベース。
（注2） 日本、米国及びフランスは、2022 年及び 2023 年が推計値。それ以外の国は、2023 年が推計値。
（出所） 財務省「これからの日本のために財政を考える」、IMF "World Economic Outlook"（2023 年 4 月）

されています。そして危機と対策が繰り返されるたびに、その変動は大きくなっていると感じているのではないでしょうか。

　世界の金融市場が不安定化しているのは主に３つの根源的な理由があります。１つは先進主要国で史上最高レベルにまで積み上がっている国の負債額です。日本の負債が過去最高レベルにまで積み上がっているのは皆さんもご存知でしょう。しかし、これは日本だけではなく、主要な先進国は程度の差こそあれ、どこも史上最高レベルの負債を抱えています（図表2-5）。

　次に所得格差の拡大です。日本でも所得格差の話をする人はいます。しかし、例えば、米国の所得格差は日本の所得格差とは比較にならないほど拡大

しています。主要国における所得の伸びは主に高所得者の所得の伸びによって実現しており、低所得者の所得の伸びは緩やかです（図表 2-6）。

　そのため、景気が良くなり、物価が上がると、低所得者は途端に生活が苦しくなります。また、景気が悪くなり、解雇が増えると、低所得者はすぐに生活に窮することになります。つまり低所得者は景気がよくても、悪くても生活が厳しいのです。そして高所得者の所得は上がり続けるので、社会的な不満が蓄積しています。極端な場合、米国などではこのまま格差が拡大すると、内戦が起こるのではないかとまで言う人もいるわけです（図表 2-7）。

　3 つ目は米中のパワーシフトです。第二次世界大戦後の東西冷戦とその後のグローバリゼーションの中で、米国一国集中の秩序や経済構造が作られて

図表 2-6　OECD 主要国のジニ係数の推移

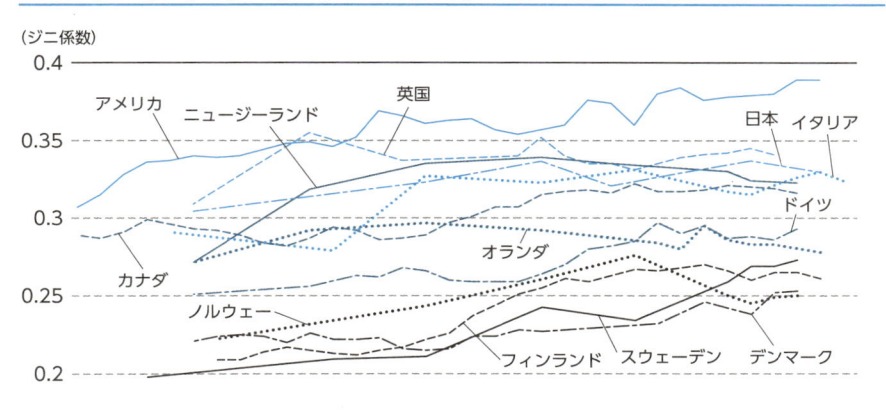

（注 1）「ジニ係数」とは、所得の均等度を表す指標であり、0 から 1 までの間で、数値が高いほど格差が大きいことを示している。
（注 2）等価可処分所得のジニ係数の推移を示している。
（出所）厚生労働省『平成 29 年版厚生労働白書』

図表 2-7　米国の所得全体に占める「上位1%」層と「下位50%」層の割合

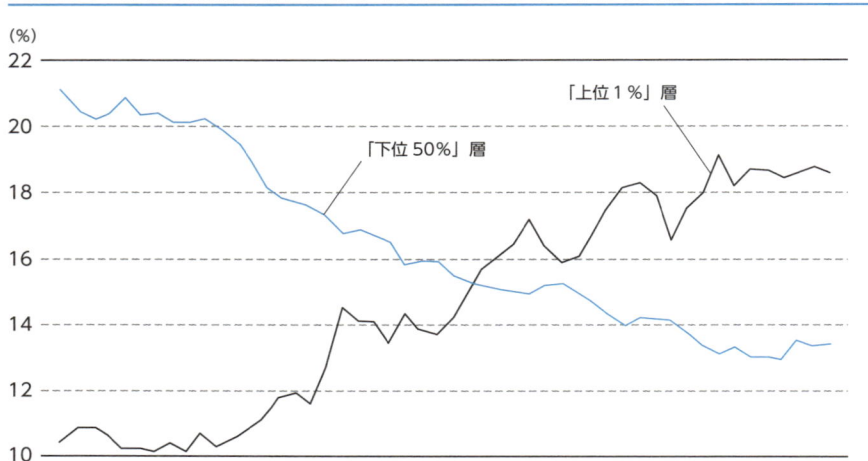

（注）所得は税引き前。ピケティ、サエズ両氏の研究などから作成。
（出所）『日本経済新聞』（電子版）「米国の所得全体に占める上位1%層と下位50%層の割合」https://
　　　www.nikkei.com/article/DGXZQOGH0268V0S0A201C2000000/

きました。しかし、中国の台頭でその秩序に様々なひずみが生じています。

ミニバブルの発生と崩壊が連続して起こる

　このような不安定要素が、様々な紛争や米中の貿易問題だけでなく、そこ
から派生する商品価格の上昇や金利・通貨の大幅な変動をもたらしています。
それに対して、各国政府は経済の不安定化は低所得者の生活を直撃するため、
常に早めの財政拡大と金融緩和で対応することが常態化しています。そのた
め、世界のマネーは常に拡大傾向にあり、株価だけでなく、仮想通貨やコモ
ディティ価格など様々なところでバブルが発生しています。それを適正化す

る過程で、バブルが発生しているところ以外でもバブルの崩壊が起こります。その結果、新たな不安定要素が発生し、またそれを抑えるために財政金融政策が発動されます。その結果、またマネーが拡大して、新たなバブルが発生するというループが連続して起こり、経済と不安の拡大が続いています。

　多くの人がこのようなループは持続可能でない、と考えています。しかし、現在行われている危機対応は、早く規模が大きいほど効果も大きく、それを適切に行えている国が勝ち組となっています。つまり、このループの破綻を唱える人は、今までのところ狼少年になっているわけです。長く金融市場にいる人は不安を感じながらも、これがいつ終わるのかということについて解を持っていないというのが正直なところです。これまでのところ、金融市場が大きく調整した時にはひとたび対策が取られると決まれば、あまりタイミングを考慮せず、買いに向かうやり方が効果を上げてきました。この後の項でも説明しますが、これまでのところは、そのような時に買い向かうことができる余剰資金を置いておき、そのような局面が来れば大胆に投資することが資産形成上は重要です。

不安定化する社会の中で日本は比較的安定している

　さて、このように不安定化した世界の中では、日本は比較的安定したポジションにあります。もちろん、日本は膨大な政府の負債、人口減少、貿易相手国である米中の関係悪化などの潜在的リスクはあります。しかし、どれも決定的な問題ではなく、むしろ日本国内ではリスクが強調され過ぎているように感じます。

　膨大な政府債務に関しては、政府の発言や対応次第で大きなリスクとなる可能性はあります。しかし、現時点ではその買い手が国内中心であるという点でコントロールできています。また、緩和の程度が変化することはあった

としても、財政面から見ても金利の大幅な引上げによる、金融引き締めが難しいという点は株式市場の安定材料とも言えます。他国に比べてそもそも日本の所得格差の問題は小さいわけですが、デフレ下では世代間格差の問題が顕在化しつつありました。このままいくと今後、若年層の負担が急速に増す可能性が高まってきていました。

しかし、デフレからインフレへと転換していくことができれば、賃金上昇によって勤労世代に所得の配分が増え、世代間の所得格差の問題はある程度抑えられていくと考えられます。初任給の大幅な上昇や春闘での予想を上回る賃金上昇などはその象徴的な事象と言えます。また、人口減少と言いますが、現在世界をリードしている企業の従業員数は大きくなく（グーグル〔アルファベット〕：従業員数18万人、純利益738億ドル、2023年12月末時点、日立製作所：連結従業員数32万人、純利益6491億円、2023年3月末時点）、産業構造の変化を実現できれば、人口が減少しても十分経済成長することは可能です。

米中の問題は今後もリスクとなりますが、長期的に見た場合、日本は両国とそれなりの付き合いを継続できる可能性があります。また仮に中国との関係が悪化したとしても、悪化すればするほど、米国陣営の中での東アジア諸国内における日本の立ち位置の重要性が見直されることによる恩恵があると考えられます。少なくとも韓国・台湾にも遅れを取っていた半導体産業の凋落は止まる可能性が高いと考えられます。

本書は世界経済の動向を説明するためのものではないので、日本経済のポテンシャルの説明はこれくらいにしたいと思います。ただ、日本経済は一部で言われているほど悲観的なものでもないことがご理解いただければと思います。たしかに、グローバル化した経済を考慮すると、一国に全ての資産を置いておくことは健全ではありません。しかしながら、日本人として、日本で生活している以上、資産の大半を海外に置いておくというのもリスクが大

きいと考えられます。相当なノウハウがある方は別ですが、政治や通貨のリスクを考えることなく、ある程度安心してほったらかしにして資産を置ける国として日本は未だに魅力的な国なのではないでしょうか。

第3章

資産運用の基本
——分散して長期で投資する

1 資産運用は目標を設定することから始まる

「人生 100 年時代。これからは自助努力で資産運用することが求められる」「NISA や iDeCo を活用し、税制メリットを活用しながら資産形成を早くから始めることが必要」——そうは言うものの、資産運用というと難しい専門用語が並んだり、株で損をしたという話も聞いたりします。

「いったい何がこれから儲かるのか？」「理屈の説明はよいから、何が儲かるのかを教えて欲しい」——そんな人も多いと思います。銀行や証券会社からは、「よい商品です」という説明はあっても、どうしてよいのかは聞いてもよく分からないといった話も聞きます。では、私たちは何から始めればよいのでしょうか。

実は資産運用で最も大事なことは、株や経済の知識でもなければ金融商品に関する知識でもなく、**なぜ資産運用を行うのか、今ある資産をどうしたいのか、という目標をしっかりと立てる**ことです。

私はプロの機関投資家ですが、「なんとなく儲かるものに投資して」と言われたら途方にくれます。プロの投資家が運用できるのは明確な目標（私たちはそれをベンチマークと言う時もあります）が設定されているからです。日経平均を上回るパフォーマンスを上げることが目的だった場合には、どの程度上回ればよいのか、などがしっかり設定されていることがとても大事なのです。

誰でも「上がる時にはより上がり、下がる時にも損をしない」のがよいと思うかもしれませんが、そんな魔法はありません。**まずは上がる時により上**

がることを目指すのか、とにかく下がらないことを重視するのかを明確にすることが大切です。

　上昇を重視する場合、仮にその会社の株式が下がっても、そもそも短期的には下がるリスクも認識しているわけですから、下がっても焦らずに買い増すことができ、その後上昇すれば儲けは大きくなります。逆に下がらないことを重視するなら、そもそも大きく上昇することは狙っていないわけですから、市場が上昇する局面で保有している会社の株があまり上がらなくても別に気になりません。

　常に上手くいこうとしていると、下がりだしたら怖くなって売却してしまい、上昇局面になると慌てて追いかけて高値を掴むことになります。これが儲からない人たちの典型的なパターンです。

　同様に、個人の資産の運用でも資産運用の目的を明確にしておくことが大切です。FP は顧客のライフプランニングを立て、1 人ひとりの家計の現状を整理、把握をします。いつ、お金が必要になるのかによって運用期間や目標に設定するリターン等も変わるからです。

　シンガポールやスイスなど世界のファミリーオフィス（資産が一定額以上の富裕層を対象に資産管理及び運用サービスを提供する組織）でも、資産運用をスタートする前に、顧客の資産状況やビジネスや家族構成を理解したり、投資の期間や目的をヒアリングした上で、リスク許容度診断を必ず行います（図表 3-1）。運用を開始する段階でその目的意識にズレがあるとすぐに問題になるからです。目的がはっきりしていると取るべき手法も合理的に決定でき、個々の資産に関しては専門知識がなくてもその道のプロに任せることができます。逆にとにかく儲けてという形ですと、提案自体がいい加減になってしまいます。

　例えば、リスク許容度診断として、金融機関によって質問は異なりますが、次のような質問をすることが一般的です。

■個人の財務状況 資産を運用する際、考慮すべきおおよその時間軸は？

1. 3年未満
2. 3年以上5年未満
3. 5年以上10年未満
4. 10年以上

図表 3-1　顧客のリスク・プロファイルに応じて投資戦略を提案

顧客のリスクプロファイル		投資資格	資産クラス	最大で（％）
低い ☐	中程度の保守派 ☐	株式なしの安定重視型	現金 債券＋短期金融商品 株式 商品および貴金属 オルタナティブ投資	20 100 0 10 10
		安定重視型	現金 債券＋短期金融商品 株式 商品および貴金属 オルタナティブ投資	20 80 30 10 20
		バランス型	現金 債券＋短期金融商品 株式 商品および貴金属 オルタナティブ投資	10 50 60 10 30
高い ☐		成長重視型	現金 債券＋短期金融商品 株式 商品および貴金属 オルタナティブ投資	10 30 80 10 30
		株式型	現金 債券＋短期金融商品 株式 商品および貴金属 オルタナティブ投資	10 10 100 10 20

（出所）トリレイク・パートナー提供

■あなたの総資産に占める負債の割合は？

1. 総資産の60％以上が負債である
2. 40％〜60％
3. 負債は総資産の40％未満である
4. 負債はない

■資産運用以外の収入源はありますか？

1. いいえ、資産運用から全ての収入を得ています
2. はい。しかし、必要な収入の75％以上を資産運用に依存しています
3. はい。しかし、必要な収入の50％以上を資産運用に依存しています
4. はい、必要な収入の50％以上を資産運用には依存していません

次に、あなたのリスク許容度は一般的にどのようなものか見てみましょう。

■金融市場におけるあなたの平均的な経験や知識レベルを教えてください

1. 知識も経験もない
2. 基本的な知識・経験はある（いずれも1年以上3年未満）
3. 高度な知識と経験がある（いずれも3年以上10年未満）
4. 優れた知識と経験がある（いずれも10年以上）

■ポートフォリオの価値が25％減少した場合、あなたはどのように反応しますか？

1. すぐに売却する
2. 選択的にポジションを減らす
3. ポジションを維持する
4. ポジションを追加購入する

図表 3-2　投資戦略ごとの資産組入比率

株式なしの安定重視型

資産の種類	範囲（%）		
	最小	最大	中立(%)
現金	0	20	10
債券＋短期金融	60	100	80
株式	0	0	0
商品および貴金属	0	10	5
オルタナティブ投資	0	10	5
合計			100

成長重視型

資産の種類	範囲（%）		
	最小	最大	中立(%)
現金	0	10	5
債券＋短期金融	0	30	15
株式	40	80	60
商品および貴金属	0	10	5
オルタナティブ投資	0	30	15
合計			100

安定重視型

資産の種類	範囲（%）		
	最小	最大	中立(%)
現金	0	20	10
債券＋短期金融	40	80	60
株式	0	30	15
商品および貴金属	0	10	5
オルタナティブ投資	0	20	10
合計			100

株式型

資産の種類	範囲（%）		
	最小	最大	中立(%)
現金	0	10	5
債券＋短期金融	0	10	5
株式	50	100	75
商品および貴金属	0	10	5
オルタナティブ投資	0	20	10
合計			100

バランス型

資産の種類	範囲（%）		
	最小	最大	中立(%)
現金	0	10	5
債券＋短期金融	20	50	35
株式	20	60	40
商品および貴金属	0	10	5
オルタナティブ投資	0	30	15
合計			100

オーダーメイド型

資産の種類	範囲（%）		
	最小	最大	中立(%)
現金			
債券＋短期金融			
株式			
商品および貴金属			
オルタナティブ投資			
合計			100

（出所）トリレイク・パートナー提供

■許容できるポートフォリオの年間最大下落幅は？

1. 最大 5％まで
2. 5％から 15％まで
3. 15％から 40％まで
4. 40％以上

結果に応じて望ましいマンデートのタイプ
1 に近い＝株式なしの安定重視型または安定重視型
2 に近い＝安定重視型またはバランス型
3 に近い＝バランス型または成長型
4 に近い＝成長重視型または株式型

　こうした顧客のリスクプロファイルによって、独立系アセットマネジメントなどプロの運用会社はポートフォリオをオーダーメイドで作成します。ポートフォリオは、顧客によって、100 通りもあります。

儲けるためではなく、資産を守るために運用する

　「株で 1 億儲けました」「資産運用で FIRE、早期リタイア生活を実現しました」──日本では一攫千金的なキャッチフレーズを聞くことがあります。
　私がシンガポールに住んでいた時も、現地の中華系の人たちは皆お金の話が大好きで、いつも不動産の価格をチェックしているイメージもありました。
　しかし、欧米の富裕層の知人たちは、あまり積極的に値上がりを追求したり、必死に儲けたりするといった印象は受けませんでした。彼らは金融に関する知識は十分持っていますが、いつもかなり余裕を持っていて、大きな流れを見ている印象でした。金融商品に関しても、どういう商品がよく、何を

見るべきかという視点がはっきりしていてブレがありません。これは彼らの文化や経験の蓄積からなのかもしれませんが、ここにこそ長期で利益を積み上げるヒントがあります。

　そして何よりも、資産運用自体で儲けようとしているのではないことが挙げられます。**資産を適切に管理し守るためには、資産運用が必要であるという意識から運用を行っている**のです。欧米の富裕層は、当然の経済活動として、資産運用を行っています。しかし、それは一攫千金を狙ったものではなく、また生活を運用益に頼ろうとするものでもありません。私は**個人の資産形成で、資産運用は重要だと考えていますが、決して資産運用に頼って資産形成をしようとしてはいけない**と感じています。

　日本と欧米では運用会社のあり方もかなり違っています。そのことを理解するために、ヨーロッパにおけるプライベートバンクの歴史を少し説明しておきます。

　スイスのプライベートバンクの歴史は、少なくとも1685年のナントの勅令の廃止のあたりまで遡ります。フランスで起きた宗教戦争の間に貴族たちが金品や不動産を奪われないように資産を預け、子孫の代まで守ってもらおうとしたことが起源にあります。イギリスでも同じくらい古い歴史を持ちます。

　一方、日本では幸運にも第二次世界大戦までは戦争などによって資産が奪われるという経験がありませんでした。しかし、第二次世界大戦の後に農地改革によって、土地などの資産を奪われました。そして、保有していた国債が紙くずとなり、没落をした富裕層もたくさん出ました。つまり、プライベートバンクという仕組みが一般的でなかった日本では、戦後に貧富がシャッフルされました。

　ヨーロッパでも、フランスなど戦争の被害が大きかった地域は、美術品などの大移動があったようです。しかし、中立国にあるプライベートバンクの

存在によって、代々資産を継承してきたので、伝統的な富裕層が根強く残っているのです。

　王族貴族の資産を預かる銀行もあり、ハプスブルク家に仕えたリヒテンシュタイン家は、リヒテンシュタイン公国の国家元首の地位を継承し、国外にも公国の何倍もの面積の土地を保有しています。リヒテンシュタイン家は、公国から歳費を支給されておらず、経済的に完全に自立をしています。1921年に設立されたリヒテンシュタイン銀行がリヒテンシュタイン家の財政を支えているのです。

　スイスには200年前後の歴史を持つプライベートバンクも多くあり、創業一族の子息がシンガポールや日本などのオフィスで働いている場合もあります。銀行側も顧客側も長年の熟練と実績があり、何世代にもわたって富を継承してきた経験があります。陸続きのヨーロッパでは戦争が幾度も繰り返されており、そうした地政学的なリスクから次世代のために富を守る必要があることから地域分散にも積極的です。また、相続問題は日本と同じで、どの国にもあります。そのために、早期から家族で会議を行い、家族信託を作るなどで資産を守るスキームも考えられています。

　シンガポールや香港はスイスに比べると歴史は浅いものの、地政学リスクから資産を分散させるニーズは高まっています。ウクライナ情勢が緊迫した際には、シンガポールに資産の一部を動かしたいというニーズが高まりました。富裕層は儲けるという目線ではなく、安全な国、安全な銀行、安全な資産運用の会社を選び、適切に資産運用を行い、今ある資産を守ることに注力します。そのために、ある程度コストを支払うことも惜しまないという印象があります。

　日本の資産運用サービスは、大手金融機関の収益拡大を目指した派生ビジネスとして誕生したのに対して、海外のプライベートバンクや資産運用会社は、ファミリーサービス及び資産管理サービスという顧客のニーズから発展

してきたというのが大きな違いです。そのため、日本の資産運用会社がとにかくよい運用・高度な運用を目指しているのに対して、欧米の運用会社は自分たちの本来の目的に合った運用を行うことに徹しています。そのため、投資哲学などが揺らぎません。顧客も会社名ではなく、自分のニーズに合った運用会社を選ぶのが基本です。

2 なぜ資産を守るために資産運用が必要なのか

「資産を守るためなら銀行預金だけでよいのでは？」「先祖からの土地があるからそれを守っていれば大きな損はない」「とにかく借金をして投資をするようなことさえしなければ大丈夫」——日本人はそのように思っている人が多いと言われています。

たしかに、デフレで円高の時代は銀行預金が目減りすることはありませんでした。反対に分散投資だと言って、勧められるままに、様々な金融商品に投資をし、外国債券が円高で目減りした人や、株式投信を買って大損したという人はいるかもしれません。

最近は円安と株高によって、絶対額としては儲かっている人も多いと思います。しかし、長い経験がある人ほど資産運用は怖いものという意識があるのではないでしょうか。

もちろん、株や海外の金融商品は値下がりリスクがあります。一方、現金の場合、金額自体は目減りしませんが、インフレ下ではその価値が目減りします。

30年近くもデフレが続いた日本は、非常に特殊な環境にありました。日本でもマイルドなインフレがある通常の世界になると、現金の価値は徐々に目減りすることを前提としなければなりませんので、インフレヘッジをするためだけでも資産運用は不可欠となります。

また、日本は幸運な国なので、現金の価値自体がなくなるという経験はこれまでほとんどありませんでした。しかし、長い歴史の中で国がなくなった

り、国境が変わったりが頻繁に起こっていた欧州などでは、戦争で資産を失うことの恐怖を知っています。そのため、最悪の事態を避けるという意味からも、全てを１つの国の１つの商品で置くのではなく、様々な資産や国に分散をして投資をすることが重要だということを経験上理解しているのです。

　私は、日本で最悪の事態が起こるとは思っていませんが、**何か１つの資産に偏った保有はどんな時でも危険**です。万が一のリスクを考えた場合、現金あるいは不動産に資産の大半を置いているというのは、とても危険なことだと私は考えます。

1 リスク分散とよくあるリスク分散への誤解

　投資を行うと、「何が儲かるのか？」ということに多くの人は関心を持ちます。しかし、何が儲かるかということと同じくらい実は重要なことは、投資する資産のリスクを理解することです。リスクには、投資によるリスクだけではなく、資産を管理する上では、流動性や人生の中での様々なイベントを考慮しなければなりません。安全な資産でも、万が一の時には大きなリスクがある資産や、日々価格変動リスクにさらされているものの長い目で見ると比較的高いリターンが期待できるものなど、金融資産はその特性が様々です。まずはリスク管理の基本である分散投資の考え方について理解してください。

なぜ分散投資が必要か

　常に最も儲かる資産や銘柄を当て続けることができれば、莫大な運用益を得ることが可能です。しかし、毎年最も値上がり益の得られる資産を当て続けることは困難で、平均よりも値上がり率の大きい資産を当てることですら

図表 3-3　主要 4 資産と分散投資した場合のリターンの推移（2006 〜 23 年）

	2006	2007	2008	2009	2010	2011	2012	2013	2014	2015	2016	2017	2018	2019	2020	2021	2022	2023	2024
第1位（最高リターン）	外国株式 25%	外国株式 5%	国内債券 3%	外国株式 40%	国内債券 2%	国内債券 2%	外国株式 32%	外国株式 55%	外国株式 21%	国内債券 11%	外国債券 6%	国内株式 21%	国内債券 1%	外国株式 28%	外国株式 11%	外国株式 37%	国内株式 -3%	外国株式 32%	?
第2位	外国債券 10%	外国株式 4%	外国債券 -16%	4資産分散 14%	国内株式 1%	外国債券 1%	国内株式 21%	国内株式 55%	国内株式 17%	4資産分散 2%	国内株式 3%	外国株式 19%	外国債券 -5%	国内株式 18%	国内株式 8%	4資産分散 13%	4資産分散 -5%	国内株式 28%	?
第3位	4資産分散 10%	国内債券 3%	4資産分散 -29%	国内株式 9%	外国株式 -1%	4資産分散 -6%	外国債券 20%	4資産分散 32%	4資産分散 13%	国内株式 1%	4資産分散 2%	4資産分散 11%	4資産分散 -7%	4資産分散 13%	国内株式 13%	国内株式 13%	国内債券 -6%	4資産分散 18%	?
第4位	国内株式 4%	4資産分散 0%	国内株式 -41%	外国債券 8%	4資産分散 -2%	外国株式 -9%	4資産分散 19%	国内債券 23%	国内株式 11%	外国株式 -1%	国内債券 1%	外国債券 5%	国内株式 -11%	外国債券 5%	外国債券 6%	国内債券 4%	外国株式 -6%	外国債券 14%	?
第5位（最低リターン）	国内債券 0%	国内株式 -11%	外国株式 -53%	国内債券 1%	外国債券 -13%	国内株式 -17%	国内債券 2%	外国債券 2%	国内債券 5%	外国債券 -4%	外国債券 -3%	国内債券 0%	国内株式 -15%	国内債券 2%	国内債券 -1%	外国債券 0%	外国債券 -7%	国内債券 0%	?

今後の順位と収益率を当てられますか？

（注 1）　運用コストとして、シミュレーション期間全体について、各資産ごとの管理運用委託手数料（年率）を用いている。各資産ごとの管理運用委託手数料（年率）は以下の通り。
　　国内株式：0.01％、国内債券：0.01％、外国株式：0.01％、外国債券：0.03％
（注 2）　税金、及びリバランスに係る費用等の取引コストは考慮していない。利息・配当等は再投資したものとして計算している。
（注 3）　過去のパフォーマンスは将来のリターンを保証するものではない。
（注 4）　国内株式：Morningstar 国内株式指数、外国株式（除く日本）：Morningstar 先進国株式指数（除く日本）（グロス、円ベース）、国内債券：Morningstar 国内債券指数、外国債券（除く日本）：Morningstar グローバル国債指数（除く日本）（グロス、円ベース）
　　4 資産分散：国内株式、外国株式、国内債券、外国債券を均等保有したポートフォリオ、毎月末リバランスリターンは全て利子・配当込みグロス・リターン。外貨建て指数は、為替ヘッジなし、円換算。
（出所）　Copyright © 2024 Ibbotson Associates Japan, Inc. All Rights Reserved.

難しいとされています。一方、様々な資産クラスに分散投資をした４資産分散ポートフォリオは、１位になることはないものの、最下位になることもありません。何か１つに投資して**取り返しがつかないような大きな損失を避けるためには、様々な資産に分散投資をすることが重要**になります。

　そのため、資産運用の世界では投資対象を分散させ、できるだけリスクを抑えながら利益を確保しようとします。個人で投資をする際には、リスクというと、損をする可能性と考える人が多いかもしれません。しかし、資産運用の世界では、リターンの変動の大きさ（ボラティリティー）をリスクと捉えることが一般的です。機関投資家はリターンの絶対値だけでなく、リターンとリスクの対比で効率がよいことを重視するので、特に分散投資を重視します。「卵を１つの籠に盛るな（Don't put all eggs in one basket.）」という有名なことわざがあります。性質や値動きの異なる複数の資産に分散して運用することで、何かがあった時に全ての投資資産が影響を受けることを避けるという考え方です。分散投資をすることで、突発事象によって資産の大部分を一気に失うことを避けることができるわけです。

そもそも分散投資とは

　このように分散投資はリスクを減らす基本的な方法の１つです。ただ分散投資の方法にも色々あり、例えば「資産・銘柄」の分散や、「地域の分散」のほか、投資する時期をずらす「時間分散」という考え方などがあります。

なぜ「資産・銘柄」を分散させるのか

　ではなぜ、投資対象となる資産を分散するとリスクが下がるのでしょうか。投資対象としては様々な資産、また同じ資産の中でも様々な銘柄があります。皆さんも株式などに様々な銘柄があり、それぞれ異なった動きをするのはイ

メージしやすいのではないでしょうか。それぞれの資産や銘柄は、全く同じ値動きをするわけはなく、似たような動きをしても、動きの大きさはそれぞれ異なります。こうした資産や銘柄は値動きが異なり、同じニュースを受けても、それがプラスに働く銘柄とマイナスに働く銘柄があります。それぞれの資産や銘柄はお互いに影響し合いながらも異なる動きをするわけです。

　それら値動きの異なる資産を組み合わせて投資をすることで、想定されるリスクに対する期待リターンを上げることが可能です。バランス型と言われる投資信託や、ロボットアドバイザーを用いた運用などは、様々なリスクモデルを用いて、リスクを抑えてリターンを上げようとするものです。**特定の資産や銘柄が値下がりした場合、他の資産や銘柄の値上がりでカバーし、保有している資産・銘柄の間で生じる価格変動のリスク等を軽減する**と考えてもよいでしょう。どうやったら儲かるかということを追求するのであれば、一番儲かるものだけに投資すればよいわけです。しかし、どんなによいと思ったものでも、不測の事態が発生することはあるという前提で物事を考えた結果生まれた知恵が分散投資です。

「地域」の分散

　投資対象の資産や株式等の銘柄に様々なものがあるのと同様に、投資対象を日本国外の地域にも広げたのが国際分散投資です。投資対象の資産や銘柄の価格は、投資の対象となっているものが存在している国や地域の状況、為替変動などによって、様々な値動きをします。投資対象地域の性質による値動きの違いに着目して、異なる状況にある地域の資産や銘柄、通貨を組み合わせて投資を行います。国内と国外だけでなく、先進国と新興国のように、**経済状況や成長率が異なる地域の資産に投資することで、自国の資産にだけ投資する時には得られなかった特性の資産を組み入れることが可能となります**。こうすることで、保有している資産・銘柄の間で生じる価格変動のリス

ク等を軽減させることができます。

「時間」の分散

　次に、投資の教科書でよく見かける考え方に、「時間分散」があります。特に変動の大きい資産は、その時の状況に応じて、様々な値動きをします。そこで、一度に多額の投資を行うことを避けるという考え方が時間分散です。例えば、定期定額で積立投資を行うとします。これによって、**短期的な価格変動を予想するのではなく、平準化した価格で資産を購入する**ことができます。よく聞くドル・コスト平均法は、定期定額で投資を行うことで、時期による値動きに応じて、価格が高い時期には少なく、価格が低い時期には多く投資を行う手法です。「時間分散」を行うと、経済の動向等によって、高い価格で投資を行う時期と低い価格で投資を行う時期が生じることになります。しかし、長い目で見ると、1回当たりの投資価格は平準化されていきます。よって、**全てを高値掴みすることはなくなり、急な値下がりなどが生じても、買入価格に対して生じる損失の程度は平準化する**ことが可能です。

　例えば、主要な資産クラスの2002年から2023年の年次リターンを見てみましょう。多くの年では1年間のリターンがプラスになっています。まとまった金額を1回で買ってしまうと、運悪くマイナスの年に買ってしまうことも出てきます。しかし、長期で、定期定額で投資を行えば、長期ではプラスのリターンを得られる可能性が高まります。

　長期投資の効果をリターンがマイナスになるリスクが高い株式で見てみましょう。

　例えば、1927年から2023年までのデータによると米国株（S&P500）に投資した場合、年間のリターンがマイナスになることは約32％でした。しかし、5年、10年と保有することでマイナスになるリスクは24％、14％と徐々に低下します。20年保有すれば、マイナスになることは4％しかありま

せんでした。これを積み立てで行うと、さらにマイナスとなるリスクが低下することが分かります（図表 3-4）。

図表 3-4　S&P500 への長期投資で利回りがマイナスとなる確率

	1 年	5 年	10 年	20 年
一括で投資	32.3%	23.9%	13.8%	3.9%
積立投資		18.5%	14.9%	1.3%

（注）1927 年から 2023 年までのデータから算出、積み立ては毎年年末に投資したとして計算（配当含まず）。
（出所）Bloomberg データより計算

　一方、日本株ではどうでしょうか。日本株はバブル後低迷が続き、ここに来てやっと低迷を抜け出したばかりということもあり、長期保有でマイナスとなるリスクは下がりますし、積み立て効果もありますが、米国株のようにドラスティック効果はありません（図表 3-5）。

図表 3-5　TOPIX への長期投資で利回りがマイナスとなる確率

	1 年	5 年	10 年	20 年
一括で投資	39.2%	27.1%	23.1%	18.2%
積立投資		28.6%	26.2%	23.6%

（注）1949 年から 2023 年までのデータから算出、積み立ては毎年年末に投資したとして計算（配当含まず）。
（出所）Bloomberg データより計算

　これだけ見ると、長期投資・分散投資の効果は米国株の方で効果が高いように思えるかもしれません。しかし、これを日本のバブルのピークである1989 年までで見ると全く様相が異なります。
　S&P500 の場合は、現在見ている数字よりもややマイナスになるリスクが

高くなっていますが、それほど極端な違いはありません。一方、日本は年間のリターンがマイナスになる可能性はそれほど米国と違いがないのに対して、長期保有した場合にはほとんどマイナスとなることはなかったことが分かります（図表3-6、3-7）。

図表3-6　S&P500への長期投資で利回りがマイナスとなる確率（1989年時点で計算）

	1年	5年	10年	20年
一括で投資	33.9%	24.1%	17.0%	7.0%
積立投資		22.4%	18.9%	2.3%

（注）1927年から1989年までのデータから算出、積み立ては毎年年末に投資したとして計算（配当含まず）。
（出所）Bloomberg データより計算

図表3-7　TOPIXへの長期投資で利回りがマイナスとなる確率（1989年時点で計算）

	1年	5年	10年	20年
一括で投資	32.5%	5.6%	0.0%	0.0%
積立投資		2.8%	0.0%	0.0%

（注）1949年から1989年までのデータから算出、積み立ては毎年年末に投資したとして計算（配当含まず）。
（出所）Bloomberg データより計算

　このように株式のような資産に投資する場合、長期でも利回りがマイナスになることもあります。つまり長期で時間分散をしても、高い所で投資したものが多く、その後に株式相場が大きく下落した場合には利回りはマイナスになることがあります。それでも完全な将来予想ができない状況であれば、リスクを低下させることを優先させるというのが、時間分散投資の考え方です。

　ちなみに上記の計算は、相場がどのような状況であっても、機械的に5年

図表 3-8　主要な資産クラスの年次リターンの推移（2002 ～ 23 年）

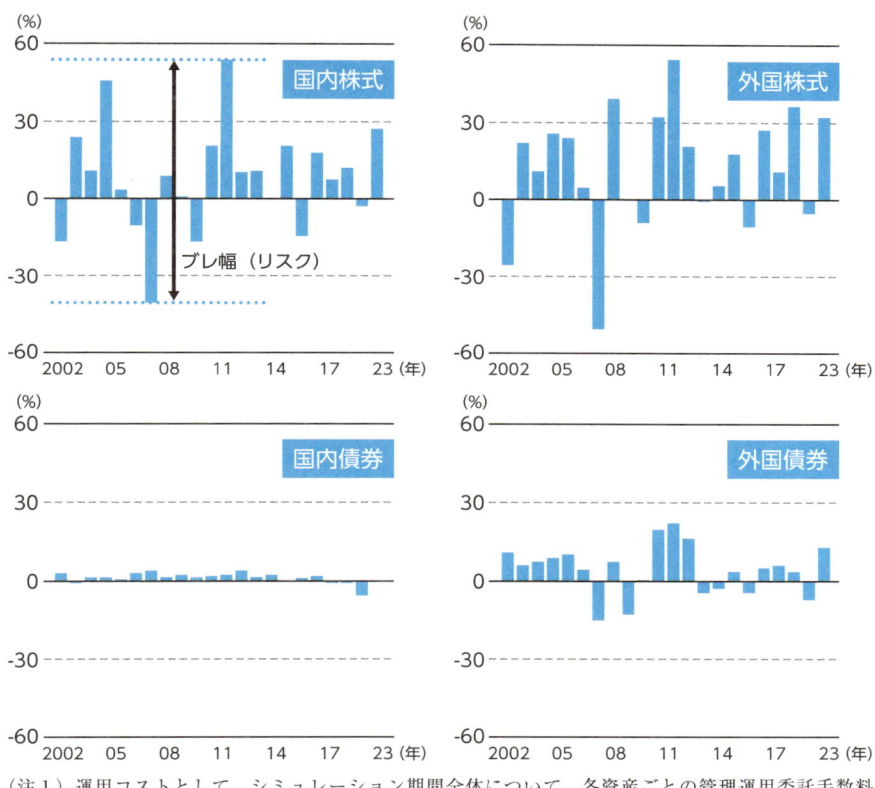

（注1）運用コストとして、シミュレーション期間全体について、各資産ごとの管理運用委託手数料（年率）を用いている。各資産ごとの管理運用委託手数料（年率）は以下の通り。
国内株式：0.01%、国内債券：0.01%、外国株式：0.01%、外国債券：0.03%

（注2）税金、及びリバランスに係る費用等の取引コストは考慮していない。利息・配当等は再投資したものとして計算している。

（注3）過去のパフォーマンスは将来のリターンを保証するものではない。

（注4）国内株式：Morningstar 国内株式指数、外国株式（除く日本）：Morningstar 先進国株式指数（除く日本）（グロス、円ベース）、国内債券：Morningstar 国内債券指数、外国債券（除く日本）：Morningstar グローバル国債指数（除く日本）（グロス、円ベース）
リターンは全て利子・配当込みグロス・リターン。外貨建て指数は、為替ヘッジなし、円換算。

（出所）Copyright © 2024 Ibbotson Associates Japan, Inc. All Rights Reserved.

後、10年後、20年後などに売却したとして確率を計算しています。通常そのような時にはやや特殊な環境で株価が大幅に下落している局面で、多くの場合翌年に売却を行えばプラスのリターンとなっています。

　ここでは長期・積立の効果とその限界を感覚的に理解していただければよいでしょう。

分散投資の落とし穴

　ここで注意しておきたいのは、**分散投資といっても、似たものを複数買っていても分散効果は小さい**ということです。例えば、みずほ FG を買っている時に、分散効果を狙って、三井住友 FG を買っても、みずほ FG1 社を買う場合よりはリスクは下がりますが、どちらも銀行業なので、マクロ影響は似たものになり、リスク分散効果は大きくありません。そうではなく、全く関係のない業種である味の素などの食品業や、オリエンタルランドなどのサービス業を買うと、マクロから受ける影響が異なるため、リスク分散効果は大きくなります。国際分散投資でも、地理的に近いタイとベトナムの株を買うよりは、ベトナムとドイツの株を買った方が、リスク分散効果は大きくなると考えられます。時間分散に関しても、全てを1月に毎年買うよりは、毎月15日に買い続ける方が分散効果は働きます。

　もちろん、分散効果を狙うことで別のリスクも発生します。例えば、みずほ FG がよいと思って買ったのに、銘柄分散だけを狙って、よく理解していないオリエンタルランドの株を買ったら失敗したとか、ベトナムがよいと思っていたが、ドイツのことは全然理解していなかったということもあるでしょう。

　分散効果を活用することで、計算上のリスクを下げることは可能ですが、それとは別のリスクが発生するということには注意が必要です。

分散投資は有効だが過剰な分散で儲けた人はいない

　私のようなプロの投資家は、みな現代投資理論（Modern Portfolio Theory）を学んできました。現在、提供されている金融商品は、基本的にこの金融理論をベースに物事を考えています。「卵を1つの籠に盛るな」というのはその中でも最も基本的な考え方です。ざっくりと言うと、投資対象を増やして適切なウエイトで配分すれば、投資対象を増やすほど、リスクリターンの関係はよくなります。しかし、これも当然のことですが、**分散すればするほど、保有している資産の中には損失を出すものが増加します**。分散投資で気をつけなければならないのは、「損をする可能性が極めて高いと分かっているものまで保有する必要があるのか。あまりに多くのものに投資を行い、それを管理することができるのか」ということです。特にアイデアがない場合、市場全体を買うというのは間違ったやり方ではありません。しかし、分散投資の意義を忘れて、単に多くの金融商品に投資するというのは非効率なやり方になっている可能性があります。プロの投資家であっても管理できる銘柄数や資産の数は想像以上に少ないものです。私の経験では、アナリストが調査する銘柄が20銘柄程度の時は、ほぼ見落としはなく質の高い調査ができます。しかし、30銘柄を超えると、様々な見落としが生じ始めます。毎日企業調査だけを行っている人たちですら、その程度の銘柄数しか管理できないわけです。まして、他の仕事をしながら、片手間で資産運用を行っている人が、何十銘柄もの株や様々な資産を管理するのはかなり難しいでしょう。つまり、ある程度の分散投資は必要ですが、むやみやたらと分散を行ってもイージーミスが多発し、損失を出す可能性が高いのです。

運用の成功者はみな集中投資

　資産運用の世界では、抜群の成績を上げている人たちがいます。彼らの多くは分散投資ではなく、集中投資を行っています。株式投資の世界では、ウォーレン・バフェットやピーター・リンチ（銘柄数は多いが特定銘柄への集中度が高く実質的な集中度は高い）が典型です。最も成功したアセットオーナーの1つでもある、エール大学のデイビッド・スウェンセンの考え方も分散投資ではなく集中投資です。彼は徹底的に保有している銘柄を見守るやり方の運用機関を選ぶべきとしています。彼らがそのような結論に至った経緯は様々です。しかし、共通点は、分散投資による無駄を避け、負けないのではなく、勝つための資産運用を行っているということです。もちろん彼らは、成功確率の高い投資先を見つける力があるので投資先を絞ることができるという面があります。

　一方、**管理しなければならない投資先を絞っているからこそ、見落としなどによる失敗が少ない**という面もあるのです。彼らは投資先を見つける時には、過剰分散を避け、保有しているものについては注意深く見守ります。変化に対しては柔軟に対応することが必要であり、そのためには管理できる範囲のものだけに投資するということが大切です。自分自身の運用では「よい卵を全て少ない籠に入れて、その籠から目を離さない」、人に運用を任せる場合には「自分の卵全てを1つの籠に入れ、その籠を非常に注意深く見守るような運用機関」を見つけることが成功の秘訣というわけです。

　もちろん、よい卵を見つけることは難しいことです。また、選んだとしても全く予測できない事象により、籠が踏みつけられることもあるでしょう。だからこそ、運用の成功者たちも、1つの投資先ではなく、複数の投資先に投資を行い、リスクの分散を図っているわけです。ただ、「投資をする上で

分散投資は絶対に必要なもの」という意識が強過ぎるために、過剰なリスク分散を行った結果、意図せざる損失リスクを抱えるケースは多々あります。資産運用を始めると、意図しない集中投資になっているか、管理できないほどの過剰分散になっている人が大半で、適切に分散投資ができている人はほとんどいないのではないでしょうか。資産の分散投資は最も基本的ですが、奥が深くとても重要な考え方なのです。

資産はどのように分散させるのが正解か

　それでは資産はどの程度分散させればよいのでしょうか。現代投資理論では、分散させればさせるほどよいのですが、実は適切に分散させるのはそれほど簡単なことではありません。1つひとつの投資先の期待リターンと想定されるリスク、各資産の相関などが分かっていないと、適切な配分はできないのです。そのような最適な資産配分を自分自身で計算して行うのは個人にはほぼ不可能です。プロも試行錯誤し、それでも完璧なものは作れないというのが現実です。プロが考え抜いて作るバランス型ファンドやロボアドによる投資は、それらの手間を代替してくれるものとして有益です。このような便利なツールは、問題点を理解した上で活用するとよいでしょう。

　このようなツールの問題点は、その部分だけで最適化していることです。これは商品設計上避けられないことです。まず、バランス型ファンドで考えてみましょう。バランス型ファンドはそれ自体で最適化されています。つまり、保有している資産がバランス型ファンド1本だけであれば、自分にとって適切なバランス型ファンドを買えばよいということになります。しかし、保有している資産が1本のバランス型ファンドだけということは現実的でしょうか。おそらくファンドに投資をするような方であれば、どなたでも多少は銀行預金があるでしょう。最適な資産の構成は自分が持っている資産全

体で考えなければなりません。この場合、預金の分だけ最適な資産構成から外れることになります。つまり、自分が持っているほかの資産を無視して、新たに購入するファンドの中だけで資産を分散させても意味はないのです。第4章では、各資産の特性や投資する人の年齢、資産構成を踏まえた投資の考え方も説明します。

　資産運用では、運用の目的をはっきりさせ、自分の全資産を管理するという視点から組み入れる資産を選択していきます。とかく資産運用というと、何が儲かるのかとか、個々の資産の中での分散を考えがちです。商品を勧める側も顧客の資産全体を理解しているわけではない場合が多いので、どうしてもその商品の優位性だけを説明しようとします。しかし、それは保有している全資産の管理という観点からはあまり意味がありません。とにかくシンプルに、保有資産全体に対して、リスクとリターンの面で効果的な資産かどうかという視点で購入を検討することが大切です。そのように考えると、何もしなくてもよい資産も合わせて、全部で20種類以内、特定の資産の中での銘柄数としては5銘柄以下程度が管理できる範囲ではないでしょうか。

　自分はもっとたくさん管理できると思う方もいらっしゃるかもしれません。しかし、管理できれば多くてもよいのではなく、しっかりと意図を持って絞り込む作業ができていないと考えるべきなのです。投資先を絞り込むのは勇気のいる作業です。中途半端に投資をしていると、投資先の数は増えがちです。そして投資先が増えると、その選別における質は確実に低下します。無駄が生じているだけでなく、様々な損失のリスクを抱えることになるのです。

　資産管理に関して、当初は難しいと思うかもしれません。でも資産運用を始めたら、必ず自分の資産の分散状況を確認する習慣をつけてください。これは毎日行う必要があるものではありません。基本的には年1回、年末に確認する程度で十分です。例えば、大晦日に過去1年の運用成績と現在の資産状況を確認し、お正月にその年の目標と積立方針を決める位で十分なのです。

> **資産管理のポイント**
> ・適度の分散投資は投資の基本
> ・過剰な分散はリターンを失う
> ・保有資産の資産配分は定期的に確認する

資産管理はラグビー型ではなくアメフト型で

　私は、資産管理はラグビー型ではなく、アメフト型で行うべきだと考えています。ラグビーは、アメフトのように「攻撃専門のポジション」や「守備専門のポジション」などの区別がなく、15人全員で攻めて、15人全員で守るスポーツで、攻守が目まぐるしく入れ替わります。そのため選手も「攻撃担当」「守備担当」などは一切なく、この15人全員でオフェンス（攻撃）もディフェンス（守備）も行います。

　資産運用の世界でも目まぐるしく環境が変化します。同じ資産や銘柄も状況によってディフェンシブな特性になったり、積極的に値上がりを狙うオフェンシブな特性を持ったりすることがあります。しかし、自分の持つ資産における役割が変化するのはとても複雑で管理が難しく、投資判断が遅れる原因になりがちです。連続して環境が変化する相場にあっても、アメフトのポジションのように、常に保有資産の役割をはっきりさせ、その資産が当初の役割を果たせなくなった場合には入れ替えることが必要です。

　例えば、成長性を評価して保有していた会社の株が何らかの原因で大きく下落したとします。再度、調査をしてみると、当初自分が期待した成長ドライバーが変化し、予想していた時の成長が期待できないことが分かることがあります。これは当初の見通しが間違っていたということに他なりません。

しかし、株価が大きく下落したことで、バリュエーション（株価などの金融商品や企業の価値が割安か割高かを評価すること）の観点では株価は割安だと判断できる場合があります。そのような場合に割安だということで、保有を継続するといった保有理由の変更、つまり役割の変更をする方がいます。これは典型的な失敗です。もし割安だというのであれば、割安だと判断した視点で、より割安なものはないのかを調べるべきです。この場合、その会社を保有している理由は、割安だからではなく実際には自分の失敗を認めていないことが主な理由だからです。

　学校のテストでは常に正解があり、正しく解けば間違うことはありません。しかし、**資産運用の世界では常に失敗と隣り合わせで、常に判断を間違えます。そして判断を間違った場合、すぐにそれを認め修正することが大切なのです**。長期視点での投資と単なる長期保有は異なるのです。長期投資という理由だけで長期保有するのは問題です。リターンだけではなく、リスクの観点からもその役割が変化した時には見直しが必要です。期待リターンがあるからといって、リスクが変化してもポジションの見直しを行わないのは間違いなのです。

> **長期投資のポイント**
> ・長期投資でも当初の目算から外れたと判断した場合は躊躇なく売り切る
> ・長期投資と長期保有は異なる

2 長期投資に関する様々な誤解

　資産運用を行う際に最も大切なのは、アセットアロケーション（資産配

分）で、投資のタイミングやどのファンドを買うかはそれほど重要でないとよく言われます。しかし、当然、日経平均が 3 万 8000 円で投資をした人と、1 万 5000 円で投資をした人とでは、その後の投資リターンは全く異なります。長期で見るとタイミングは重要でないという意見もあります。しかし、長期の場合も日経平均が 3 万 8000 円で投資をした人と、1 万 5000 円で投資をした人の投資リターンが全く異なるものになることからも明らかなように、タイミングが重要でないということはありません。もちろん、長期間にわたり時間分散で買っていく場合には、タイミング効果が低下するので、アセットアロケーションの効果が大きくなります。反対に、例えば、退職金や相続で得た資金を一気に投資する時などは、アセットアロケーションだけでなく、投資のタイミングが非常に重要になります。つまりタイミングの重要性はどのように資金を投下するかで変わってくるのです。

期待リターンの誤解

　期待リターンは過去の平均的なリターンを使う場合と、将来予測に基づく場合があります。いずれにしても平均的な状態で期待できるリターンのことですが、どのタイミングでもそのリターンを期待してよいわけではありません。つまり、どの時点で投資を行ってもそのようなリターンが平均的には期待できるわけではなく、投資を行う時点が十分に分散されている時に概ね期待できるリターンと考えるべきです。米国株式を中心に近年は右肩上がりの相場が続いていたため、株というのはどこで投資しても長期ではリターンが得られると考えている人もいます。しかし、必ずしも右肩上がりにならないことは、日本株バブルのピークで投資し、その後長期間にわたる低迷で苦しんだ人たちはよく分かっているでしょう。**バブル崩壊前の日本人も、現在米国株に投資している人たちと同じで、株は上がり続けると信じていたのです。**

つまり期待リターンと言っても、そのリターンを単純に期待してよいわけではないのです。

長期投資でもタイミングは重要か

タイミングの重要性は、長期投資では、頭金のような初期に配分できる資金がある場合や、途中で大きな資金が入ってきた場合と、そういったものがない場合で考え方が異なります。頭金がない場合には、あまりタイミングは重要ではありません。自分の目標とするリターンに向かって、適切な資産配分を決めたら、それに向かって着々と組み入れを行うのが適切です。逆に頭金がある場合や、どこかの時点で大きな資金が入った場合には、いくら時間分散を行っても、大きな額を組み入れた時点での資産価格がパフォーマンス全体に大きな影響を与えてしまいます。相場観で今が買い時と思うのであれば、もちろん一気に投資してもよい場合もあります。しかし、資産配分の変更や、大きな追加投資は、それ自体の時間を分散することや、可能であれば価格の分散をするのが適切です。お金が入ってきてそれを現金で置いている場合、現金をそのまま置いておくと、インフレで目減りするだけです。しかし、戦略的な待機資金として位置づけ、投資タイミングを見るのであれば、それは有効な現金の活用法です。投資は常にある程度の余裕をもって、厳しい局面で追加投資ができる状態を作っておくと、落ち着いてよい判断ができるものです。

タイミングの見方、待ち伏せ方の基本

どんどん株価が上がっていき、周りの人たちから儲かったという話ばかりを聞くと、自分は出遅れている、早く投資をしなければと焦るものです。し

かし、往々にして、それは高値掴みになりがちです。「ウォール街に血が流れている時が最高の買い時だ」（テンプルトン卿）のように、偉大な投資家たちは市場が総悲観の時に大胆な投資を行って利益を上げてきました。「今日買うのか、明日買うのか」、といったタイミングは予測が難しく、時間分散して投資することで、タイミングのプレッシャーから逃れることも重要です。しかし、**10 年に一度や人生に一度といった投資タイミングで、思い切った投資ができるかどうかは大きな成功を収めることができるかという視点では大変重要**です。もちろん、そのようなタイミングを待っていても、なかなかそのようなタイミングは到来せず、何もできないまま時が過ぎていくということもあります。ですので、一定程度は分散して投資をしていけばいいでしょう。しかし、一度に投資できる大きな資金がある場合には、一気に投資せず、徐々に投資を行い、一部のお金は決定的なタイミングが来るまで待っておくべきです。**歴史上大きな成功を収めた人たちを見ていると、常によい判断をしている人ではなく、決定的な局面で大きな勝負ができた人**だということに気付くはずです。

追加投資のポイント

・長期投資でも決定的なタイミングで大きな投資を行うのは効果的
・重要局面で思い切った投資ができるよう常に余裕を持った資産配分を心がける

長期投資でもリスクが減るわけではない

さて、長期投資の話が長くなりましたが、長期投資に対する注意点もお伝えします。長期で安定的な資産形成を行う上で、「長期・積立・分散」はと

ても重要です。しかし、**長期で安定的に資産形成をすることと、長期投資で
積み上げた資産が安全であることは、同義でない**ことには注意をする必要が
あります。

　当然ですが、長期間にわたって、特定の金融商品に投資することで、金融
商品そのもののリスクが減少することはありません。「長期投資でリスクは
軽減できるので、リターンの大きい株式に投資すべき」「世界経済は長期で
は成長するのだから、オルカン（オール・カントリー・ワールド・インデッ
クス：全世界株式）を買えばよい」というのは、完全に間違いというわけで
はありません。しかし、その意味を正しく理解していないと、株価が下落し、
大損をした時に驚くのではないでしょうか。

　インフレへの対応自体に株式の保有は重要です。しかし、株式という金融
商品自体は、本来ハイリスク・ハイリターンの商品です。よく推奨されてい
るオルカンの場合も、毎年着実に上昇したわけではありません。リーマン
ショックの時は、高値から次の安値をつけるまでの１年４カ月にわたって
56.2％も下落し、暴落前の高値を回復するのに６年８カ月かかっています。
自分が蓄えてきたと思っていた資産がどんどん値下がりし、半分になった時
に、長期投資だから大丈夫と言えるでしょうか。投資をする上では常にその
ようなシミュレーションが必要です。

　当然ですが、**長期投資で10年20年かけて投資した方と、一括投資をした
方がいる場合、どちらの運用資産残高も同額で、投資先が同じなら、その時
点での保有資産のリスクは同じです。**つまり、保有している金融商品のリス
クの大きさは、長期で積み立てていようと、一括で投資しようとその時点で
は同じなのです。

　長期投資が優れているとされるのは、株式のような短期での振れが大きい
ハイリスク・ハイリターンの金融商品でも、投資期間の長期化で、年率平均
リターンのバラつきが抑制されること、投資タイミングが分散されることに

より、投資タイミングの失敗による元本割れのリスクも下がることにあります。特に株式が基本的には右肩上がりとすれば、長期間保有することでリターンがプラスになる可能性も高まります。そのため、若い人ほどリスクの高い資産への投資に向いているとされているのです。

　しかし、これらは、長期投資による収益の平準化と時間分散効果を示しているだけで、ある一時点でその商品が持つ値下がりのリスクそのものが軽減されたわけではありません。**保有資産のリスクというのは過去の買入価格には関係なく、常に現時点でのリスクという視点で見ることが重要です。**

　例えば、「ほったらかし投資」という考え方がありますが、ほったらかした結果、予想以上に上手く行き、気付かないうちに保有資産における株式などの割合が大きくなり、さらにその資産額を将来資金として当てにしている場合は注意が必要です。

　つまり、個人にとって、マイナスになった時の損失額が、どこまで許容できるかということを自分自身で確認しておくことが重要です。**知らず知らずのうちにハイリスク資産の割合が増加し、ある日突然、許容できる損失額を上回る大きな損失が発生した場合、その後の生活設計に大きな影響を与える可能性があります。**現在、NISA ではオルカンや S&P500 などのインデックスファンドに人気が集中しています。投資は常に自分が取れるリスクの大きさを意識する必要があり、その認識を欠いたまま「投資金額はできる限り多くして、投資枠を早めに埋める方がいい」、と信じるのはとても危険なのです。

　特に、高齢者は運用しているお金を使う時期が接近するため、運用で発生した損失を取り戻す時間的な余裕が減少します。また、収入も減少することから損失が出た時に積み増すどころか売却を迫られる可能性が高くなります。そのため、株式などの保有比率が高くなり過ぎると、リスクの取り過ぎになる可能性が高まります。そんな時、大きな損失が発生してしまうと、泣く泣

く損失を出しながら、売却することになり、取り返しがつきません。

　本書の中でも説明していますが、年齢に応じて、徐々に株式などのリスクの高い資産の割合は低下させることが必要です。高齢になるほど、病気や怪我などによる突発的な出費に直面するリスクも高くなり、資産を現金で保有する必要性は高まります。このため、金融資産が株式などに偏っている場合は、徐々に、預金や債券などの安全資産に移行することが必要なのです。**リスクは常にその時点でのものなので、長期で積み立てたかどうかは関係なく、保有比率は常にその時の時価で計る必要があることを常に意識してください。**

　株式は少なくとも数年に一度は大幅に下落することがあります。長期で積み立ててきたお金だからといってそのリスクが低くなるわけではありません。長期的スタンスで、下落した時にでも、平然と買い増すことができる余裕がある保有割合を保つことが何よりも重要なのです。

ポイント
  ・保有資産のリスクは過去の買入価格とは無関係
  ・リスクは常に現時点で考える
  ・余裕がある保有比率を意識する

3　世界の投資家はどこからリターンを得ているのか

　それでは、世界の投資家はどのようにしてリターンを得ているのでしょうか。目標設定やリスク管理をしても、結局何を買えばよいのか分からなければ、投資を行うことはできません。金融商品は日進月歩で常に進化していますし、世界中を探せばそれこそ無数に存在しています。ここでは、何を原則に考えて投資先を選べばよいかを説明します。

資産運用の基本原則が変化している

　資産運用の基本については多くの人が様々な意見を述べています。資産運用の原則については変わらないものもありますが、金融業界におけるテクノロジーの変化とそれに伴う商品の変化によって内容が大きく変化しているものもあります。

　現在、海外の財団、年金、ファミリーオフィスなどの資産運用においては投資先の選別において少なくとも4つの変化が起きています。

　その4つの変化とは次のようなことです。

---

　① インカム重視から値上がり益も含めたトータルリターンを重視
　② 債券や不動産中心のポートフォリオからオルタナティブも含めた資産の分散
　③ 流動性重視から非流動性プレミアムを重視
　④ 自社の運用チームが銘柄を選別し管理するやり方から外部のマネージャーに自由度を与えて投資を任せる方式

　では、プロの世界における資産運用のやり方はなぜ変わってきたのでしょうか？

インカム重視ではなく、値上がり益を含めたトータルリターンで考える

　生命保険会社の運用が典型的ですが、安全性を重視する運用では、利息収

入や配当収入などインカム収益を重視してきました。年金の運用も同様で、かつては株式よりも債券中心の運用が行われていました。値下がりリスクのある株式などよりも、利息や配当で得られるリターンを基本として、値上がりは含み益として取っておくというやり方は保守的で安全だったと言えます。

　高度経済成長の時代、株式を保有していると、大きな値上がり益が得られました。通常は配当や利息のみを利益として考えて、不測の事態が起きた時にも、株式の含み益をバッファーとすれば、安定した保険金や年金の支払いができたわけです。

　ただ、そのようなやり方には問題点もありました。含み益から利益を出すのはインカムの収入が少なかった時や保有している証券から評価損を出さなければならなくなった時だけになります。そのため、値下がりする可能性が高くても含みが十分あるためその資産を保有し続けてしまうという落とし穴があるのです。これは株式相場が右肩上がりだった時代には問題になりませんでした。しかし、バブル崩壊後は、適切なタイミングで証券を売却することができなかったため、金融機関の体力が低下するなど大きな問題となりました。

　機関投資家や個人投資家は、その期の利益や支払う税金などが気になると思います。本来はそのようなことを考えず、キャピタルゲイン（値上がり益）とインカムゲイン（利息配当収入）を合わせた長期でのトータルリターン（総合収益）を最大にするようにするのが合理的です。特に低金利の時代に、インカムゲインを大きくするために無理に組成された金融商品の中には、トータルリターンを大きくすることを犠牲にした商品も多いので注意する必要があります。毎月・毎年いくらもらえるかではなく、どのようなトータルリターンが期待できるかに着目しなければなりません。

　これは、運用資産の管理が簿価（買値）を重視した方式から、時価で評価する方式へ変化したことで、当然起こるべくして起こった変化です。長期で

のトータルリターンを最大化させるために何をすればよいかを考え、そのために最適なポートフォリオを組むということは考えてみれば当然ではあります。しかし、過去の蓄積に頼ることができず、常に時価の変化にさらされるという厳しい運営に運用は変わってきたといえます。

安全資産と思われがちな預金債券・不動産中心の資産保有は実はリスクが高い

　日本人の個人金融資産が現預金に偏っているのは有名ですが、バブル期の富裕層は不動産に偏っていました。今でも中華圏の富裕層の資産は不動産に偏っています。資産の偏在はその資産がよい時にはよいのですが、それが崩壊すると取り返しのつかない損が発生するということは、皆さんも頭の中では理解しているでしょう。

　株など変動が激しいものだと、株価の下落で大きな実現損を出すこともあるので、比較的リスクを認識しやすいのです。しかし、銀行が倒産しない限り基本的には元本割れリスクが低い銀行預金のリスクは実現損が出るわけではないので把握しにくいものです。長期にわたって右肩上がりだったバブル崩壊前の不動産なども、銀行預金と同じようにリスクの認識がなくなってしまうことがありました。

　しかし、インフレ期において現金は実質的に価値が目減りします。気がつかないうちに価値は大きく低下していることは既に説明しました。このように、何かの資産に偏っているということは、それ自体が大きなリスクを抱えているのです。ただ、実態としては、概して資産は偏った保有になりがちです。そのため、それを意識的に分散させておくということが重要ですが、意識せずに資産を置いておくと、ほとんどの人が効果的な資産分散ができていません。これは前にも述べましたが、同じ資産の中で分散させるのではなく、

できれば資産の種類を分散させることが重要です。**世界の富裕層は何が値上がりするかではなく、これまでと異なるリスク特性を持つ魅力的な商品を探しています。**そして金融テクノロジーの進化で、株や債券だけでなく、コモディティ・ベンチャー企業への投資など様々な分野に投資するための新しい商品が次々と生まれているのが、20 年前と今とでは全く異なるところです。

リターンの源泉は非流動性資産に潜んでいた

　私が株式ファンドを運用していて感じることに、ファンドの流動性に関する質問が日本と海外では全く違うということがあります。日本の投資家はできるだけ頻繁に解約できることを望んでいます。これは金融市場で不測の事態が発生した時にすぐに対応できるからです。一方、海外の投資家はあまりそのことを気にしていないようです。できればすぐに解約できない商品を好みます。特に同一商品でも解約頻度が異なる場合、すぐに解約できない投資家が多いファンドが選好されます。なぜかというと、多くの場合ファンドの顧客は最も悪いタイミングで損切りを行い、高値で商品を買う傾向にあるからです。これは心理的には仕方のないことで、持っている商品が値下がりすると心配になり、どんどんリターンが上がっている商品があると買いたくなるものです。

　しかし、保有すべきよい商品は、その商品のパフォーマンスの悪い時に買い増すべきです。そのためにはファンドが値下がりしている時に資産流出の心配なく、安心して運用を継続できる環境をファンドマネージャーに与えることが重要です。それが保有している商品の長期的なパフォーマンス向上につながることを長期的なリターンの最大化を目指す多くの海外の顧客は理解しています。

　そのため、商品設計上短期で解約できない商品を好むことになるのです。

これは資産を選ぶ場合でも同じで、流動性が低い資産は通常すぐに資金化できないために割安に評価されます。ですから、**長期で投資を行う場合、すぐに現金化できる商品よりも現金化できない商品の方が長期のリターンは高くなる可能性が高まります**。すぐに必要な資産ではない場合、流動性を犠牲にすることがリターンの向上につながるという考えも、近年起こった大きな発想の転換です。

プロの投資家が他のプロ投資家を使う比率を増やしている

　海外の投資家、特にプロの投資家は、多くの資産運用のプロフェッショナルを雇っています。しかし、彼らは自社のマネージャーの数を増やしつつ、外部に委託する比率を高めています。自社で管理した方がより透明性が高くフレキシブルに対応できることから、従来は自分たちで銘柄を選び、投資をする投資家が多かったことを考えると、これも大きな変化だと思います。

　このような変化が起きたのは、**投資をする商品の種類を増やすことがリスクの低下につながる**ことが挙げられます。それを実現するためには、全くスキルの異なる人たちを全て自社で抱えることが必要となります。費用対効果で考えた場合、全てを自前で行うのは非効率です。また、外部のマネージャーのモニタリングに関しても、かつてはできるだけ細かくモニタリングする場合が多かったと感じます。しかし、頻繁なモニタリングが短期のパフォーマンスを気にし過ぎるなど運用者に悪影響を与えてしまうこともあります。そのため、ヒアリングの頻度を減らし運用者に自由度を与え運用者の能力を最大限発揮させようとする投資家もいます。

　このように言うと、管理をせず放置しているのと何が違うのかと思われるかもしれません。しかし、実はモニタリングをしていないのではなく、説明通りの運用ができているか、組織の人間のモチベーションはどうかなど細か

く調査を行っています。私がシンガポールで運用を行っていた時には、運用部門の人が会社を辞めると、シニアかジュニアかにかかわらず、すぐに顧客から辞めた本人にヒアリングが入るという話もありました。

　もちろん、このようなことを調べるのは、個人投資家には不可能です。ただ、私が個人投資家であれば、どのような人が買っている商品なのか、どのようにして売った商品なのかということを見ておくでしょう。

　株式投資で企業を買う時にも、私は株主構成に気を遣います。これと同じで、**金融商品を買う時にも、どのような人たちが持っている商品なのかによって、商品の特性を理解することができる**部分は多いのです。それさえできていれば、外部マネージャーに自由度を与えてモニタリングをしているプロ投資家と、外部のマネージャーに運用を任せている個人投資家が得ることができるリターンは基本的に同じです。

　重要なことは、**全てを自分でやろうとせず、専門ではない部分は専門家に任せ、自分が得意なところに集中する**ことです。また商品の多様化と運用技術の進歩によって、プロでも自分たちだけで運用を行うことは効率的ではないと考え、外部委託を増やしていることを理解し、よい商品を探すことの重要性は今後ますます高まると考えられます。

4 どのようなファンドに投資すべきか

　個別銘柄への投資が難しい場合やそもそも個別には投資しにくい資産に投資する場合、ファンドへの投資は有効です。特に NISA は簿価で残高が評価され、複利効果も期待できます。なるべく売買をせずに着実な積み立てを行い、そのまま置いておけるファンドに投資するべきでしょう。その場合、どのようなファンドに投資するのがよいのでしょうか。

悪いファンドを避けるのが大前提

　アクティブファンドが継続的によいパフォーマンスを上げるのが難しいことはよく知られています。しかし、**悪いパフォーマンスが続いているファンドが立ち直るのが難しい**ことはあまり知られていないかもしれません。基本的にはよいファンドのパフォーマンスが悪化した時が投資チャンスなのです。しかし、単純にパフォーマンスが悪いファンドに逆張りで投資をしてよいわけではありません。まずは、悪いファンドと一時的にパフォーマンスが悪化しているだけのよいファンドを見分けるために、悪いファンドができる理由と特徴を知ってください。**運用会社のファンドマネージャーは運用会社独自の様々な選考の末に選ばれていますので、運用者の能力自体が低いということは少なく**、パフォーマンスが継続的に冴えないファンドは何らかの構造的な問題を抱えている可能性があります。具体的には次のような問題が考えられます。

1.　コストが高過ぎる

　見た目のコストが高くても、それに見合ったリターンが期待できるファンド設計になっていればよいのですが、コストに見合ったファンド設計になっていないと構造的にリターンは出しにくくなります。アクティブファンドで十分なトラッキングエラーが確保できていないファンドなどがそれに当たります。勝ち負けが大きくなく、長期で見ると少しずつ負けている場合にはその懸念があります。コストの高いファンドは**勝つ時には勝ち、負ける時にはしっかりと負けていることが大切**です。通常、負ける時にしっかりと負けないファンドは勝つ時も勝ちが小さくなります。高い運用フィーを取るファンドは勝ち負けがはっきりしつつ長期で見たリターンが高くなっていることが

必要です。

2. 投資スタイルがローテーションしている

　これは旗艦ファンドなどでよく起こります。あまりにも社内外での注目度が高く、様々な意見が出やすいために運用者の間ではスタイルローテーションと呼ばれる、運用手法の変更が起こってしまいます。多くの関係者が真剣にいろいろ考えるために起こるのですが、パフォーマンスが悪化した時に、常に運用パフォーマンス改善のための対策を立て投資の手法を頻繁に変更してしまうと、結果的に裏目に出る可能性が高まります。運用報告書を注意深く読むとスタイルローテーションに気付く場合もあります。

3. 運用スタイルに比して、ファンドの残高が大きくなり過ぎている（あるいはファンドの残高が小さ過ぎる）

　運用スタイルにファンドのサイズが合わなくなると、パフォーマンスは急速に悪化します。ファンドのサイズは通常徐々に変化するので、運用者もその時はファンドサイズが限界に達していることに気付かないのですが、徐々にトレーディングの制約などからそれまでできていたことができなくなることがあります。

　このように、悪いファンドにはパフォーマンス悪化につながる様々な理由があります。つまり、単純に相場付き（相場の動き方）が、ファンドのコンセプトと合っていないだけとは思えないパフォーマンスの場合には、上記のような理由がある可能性があります。そういったファンドは最悪期に買おうとせず、運用が改善し始めて、問題のないファンドであることを確認してから買っても問題ありません。また、そもそも投資対象から外すのが適切です。

　ただ、日本には株式投信だけでも5823本（投資信託協会　2023年12月

現在）もあり、その中からファンドを探すのは大変です。R&I（格付投資情報センター）やモーニングスターなどで過去 3 年くらいの間に表彰されているファンドの中から、これから述べる「よいファンドが悪くなる時」に当てはまらない**ファンドのパフォーマンスが一時的に悪化したファンドは狙い目**だと感じます。それが難しい場合には、NISA のつみたて投資枠で指定されているファンドやインデックスファンドへの投資を行うのが適切です。

よいファンドが悪くなる時（どういう時に本当に悪くなるのか）

　先ほど、よいファンドでもパフォーマンスが悪くなる時はあり、その時に組み入れるのがタイミングとしては優れているという話をしました。しかし、よかったファンドが一時的ではなく、本当に悪くなる場合があります。よいファンドのパフォーマンスが一時的に悪化した時に組み入れるのは長期投資としては正しいやり方です。しかし、その逆でよかったファンドが悪いファンドに変わった時にチャンスだと思って組み入れたら、損を上乗せすることになります。この違いをどのように判断すればよいのでしょうか？

　これは外部からは簡単には判別できないのですが、少なくともよいファンドが悪いファンドになる時のパターンは理解しておくとよいでしょう。

　ファンドマネージャーのパフォーマンスが悪化する理由は主に以下のようなものがあります。

1. ファンドサイズが大きくなり過ぎる

　ファンドサイズが大きくなると、トレードに伴うコストが増加します。売買に伴うマーケットインパクトの上昇といった直接的なインパクトもありますが、マーケットインパクトを意識し過ぎることによって、運用自体が変化

してしまうこともあります。売買回転率が低いファンドの場合には影響は小さいと考えられますが、**売買回転率が高かったファンドなどはこの影響を受けやすくなります。ファンド残高が増加しているファンドのパフォーマンスが悪化した場合、よいファンドから悪いファンドに転落した可能性を意識し、慎重に対応した方がいい**と言えるでしょう。

2. ファンドマネージャーに、ファンドマネジメント以外の業務が増える

　よいパフォーマンスに対して成果報酬で報いるヘッジファンドなどに比べ、成果報酬という制度がない会社はファンドマネージャーの出世という形でパフォーマンスに報いる傾向があります。単純に役職だけを上げるのであればよいのですが、役位が上がることに伴い運用以外のマネジメントなどが求められる場合があります。これは日系の運用会社だけではありません。外資系でも、好調なパフォーマンスをファンドの販売につなげようとすると、ファンドマネージャーは営業協力など運用以外に割かれる時間が多くなり、その結果パフォーマンスが悪化することがあります。これは運用会社のビジネスとしては止むを得ない面もあるわけですが、顧客としては注意する必要があります。

3. 運用するファンドの種類が増える

　ファンド数が少ない外資系運用会社の場合にはあまりありませんが、扱っているファンド数の多い会社は1人で複数のファンドを担当する場合があります。そのような場合も運用業務が煩雑になり運用の精度は落ちていくものです。そのファンドの担当者が何本のファンドを運用しているかは通常外部からは分かりません。ただ外部からでも分かるほどファンドマネージャーの露出が増える場合や、類似ファンドを同一マネージャーで出してきた時などは要注意と言えるでしょう。

4.　ファンドのオーナーの変更や運用会社の体制変更

　ファンドマネージャーの変更や運用会社の体制変更もホームページで確認できます。ファンドマネージャーに関しては、ディスクローズしていないケースもあります。しかし、そのようなファンドは、合議制などで運用しているか、ファンドマネージャーが頻繁に変わっている可能性もあり、アクティブファンドとしてはあまり推奨できるものではありません。人が変わる、同じ人でも働き方が変わる、というのはファンドパフォーマンスに関する要注意事項で、そのようなファンドへの押し目買いは慎重に行うべきなのです。

　これらのことについては外部からは分からないと思われるかもしれません。しかし、運用会社はどの顧客に対しても年に1回は運用報告書を送付しています。これを見ることで、概ね上記の内容は類推できます。逆にそれが難しいような運用報告を行っているファンドはかなりパッシブ運用に近いなど、アクティブ運用としては適切ではない、と見ることができます。そのようなファンドにアクティブファンドのフィーを払うのはよい考えではないと私は考えます。おそらく多くの方がこれまで運用報告書は見ないで捨てていたのではないでしょうか。しかし、実はこのような資料はしっかりと読む必要があります。**株式の招集通知だけでなく、資産運用を行うには運用商品に関する報告書類は一通り目を通すべきです。**反対に言うと、**報告書類に目が通せないほど多くの商品に投資するべきではありません。**

個人投資家の優位性

　さて、株式投資では、自分と市場との認識ギャップ（見方の相違点）を捉えることが最も重要です。よくニュースなどではプロの解説者が「織り込み済み」などという言葉を使います。「認識ギャップ」というのは「織り込み済み」と似た概念ではありますが、私は両者を分けて考えています。**「織り**

込み済み」は、主に情報が価格に織り込まれているかという短期の値動きに対して使います。一方、「認識ギャップ」という言葉は、企業そのものの見方が他の市場参加者と違うことを指します。短期の投資では価格への情報の「織り込み」度合いが重要となりますが、長期投資では他の市場参加者との「認識ギャップ」が重要となります。両者の違いを分けて考えることで価格への織り込み度合いに神経を使うことなく、落ち着いて長期投資を行えるようになると私は考えています。

　おそらく多くの人たちは「認識ギャップ」と言っても、プロを含むほかの投資家と違った見方をして、さらに自分の方が正しいという自信はなかなか持てないかもしれません。「ものすごく勉強しなければならないのではないか」「膨大な時間をかけて決算書などを読まなければならないのではないか」「専門的な知識が必要だ」と思うかもしれません。世の中には、「自分はこんな努力をして、研究をしてきて成果を上げている」という投資家もいます。しかし、その多くの場合、半分は正しいものの、半分は間違っており、手法に関しては絶対に正しいというものはありません。研究や勉強の成果と言っても、それはある局面で有効であっただけであったり、単純に偶然が積み重なっているだけだったり、単に運やセンスがよいだけだったりするわけです。もし、何らかの手法が正しいのであれば、プロの投資家は全員儲かるわけですが、プロが全員儲かるということがないのはご存知の通りです。個人投資家が認識ギャップを見つける場合は、情報量や分析の深さといったプロと同じやり方で競争をするのではなく、素朴な疑問を持つところから始まることが多いのです。

　具体的には、プロの投資家はどっぷりとマーケットに浸かっていますから、過去の値動きやその会社の見方にとらわれる傾向にあります。例えば、私が株式投資を始めた1990年代前半、三菱重工は売上や利益で見ると僅かに過ぎない造船事業の見通しに基づいて株価が動いていました。また、ホンダの

株は米国事業から来る利益の割合が 8 割を超えていても、多くの投資家は日本での新車販売台数を追いかけていました。このように、合理的でないやり方で詳細な分析を行っている例は今でも散見されます。

　また、株価面でも、この株は〇円から△円の間で動くとか、PER や PBR の過去のレンジはいくらからいくらまでということがその理由を突き詰めることなく信じられている例はいくらでもあります。もちろん、このようなレンジに意味がないわけではないのですが、会社が変化しているのに経験があるがゆえに過去の値動きにとらわれていることは多いのです。私も駆け出しの運用者の時は、素朴な疑問を持つところから始まり、運よく成果を上げることがよくありました。四半期の成果に追われるプロの投資家と異なり、個人投資家は短期で利益を上げる必要はないわけです。そのメリットを活かし、市場とできるだけ見方が異なるものを発見し、そこから投資を考えるようにするのがよいのです。また、それらが見つからない時には、無理に個別企業の株は買わない方がよいでしょう。

　短期の株価を予想する時にはこれまでの経験則の中で動くことを前提に細かな予想の違いを重視します。一方、長期では根本的な見方の違いを重視するわけですから、一般的なプロが無視することのできない「過去の経験」＝「非効率の塊」は長期投資家にとっては「認識ギャップ」＝「長期での投資リターンの源泉」＝「宝の山」となるわけです。

　また、私が個人投資家になった場合は、プロの投資家がプロの投資家であるがゆえにできないやり方を貫くことで、個人投資家であることの優位性を発揮するつもりです。

プロの機関投資家には個人投資家にはない制約が多い

　まず、理解していただきたいのは、プロの機関投資家には、顧客が存在し、

職業として運用を行っているがゆえに、様々な制約があるということです。そのため、本来は正しいはずの運用ができない可能性が高いのです。まず、最大の制約は、プロの投資家は運用をし続けないといけないということです。**個人投資家の場合、今の相場は自分向きでないからしばらく運用は止めておくということができますが**、機関投資家の場合にはそれはできません。なぜならば機関投資家は運用を行っていることで運用報酬をもらっているからです。そのため、逆境にあってもなんとか少しでもパフォーマンスを上げようと努力します。しかし、個人投資家の場合には無理をする必要はありません。「休むも相場」と肝に銘じましょう。

　また機関投資家の場合は、最初に宣言している運用スタイルがあります。そのため、今の相場は明らかに自分のスタイルと合わないと思っていても、自分たちが宣言しているスタイルの中でなんとかやりくりすることになります。多くの場合、やり方を変えると失敗することが多く、自分のやり方が確立できた場合にはそのやり方を貫いた方がよいとされています。しかし、**自分のスタイルに合わない相場というのが必ずあります。その時は無理をせず休む、あるいはその相場が向いているプロに任せることができるのが個人の強み**です。

　次にプロの投資家には競争相手がいます。特に日本株は長期間にわたって、機関投資家の中でポートフォリオの圧縮が続いており、成績がトップになったとしても、残高の増加や新規獲得は容易ではなく、逆に成績が下位になれば解約されるという状態にありました。そのため、できるだけリスクを抑えて、勝負をせず、平均的なポジションをキープし続けようというバイアスがあります。

　日本株は長期にわたって勝ち組企業と負け組企業がはっきりしていました。それにもかかわらず、負け組企業にも一定割合で投資をして、短期的に負け組企業が上がる局面で、それほど大きくベンチマークに劣後しないための工

夫をしてきました。このようなことは短期のパフォーマンスを気にする必要のない個人投資家にとっては全く無駄な投資です。**短期のパフォーマンスを意識せず、長期だけを見ることで、効率的な運用ができることは個人の特権**と言えます。

　さらに、顧客から四半期での運用報告を求められるために、どうしても短期での運用成果を求めるバイアスがかかります。そのため、株価水準としては明らかに割安で長期の視点で見ると魅力的な銘柄でも、短期的なカタリスト（相場を動かすきっかけとなる材料）に欠ける銘柄にはなかなか投資できないことになります。プロは説明できない投資はなかなかできないわけです。その点、**自分だけが納得すればよく、誰に対しても説明する必要のない個人投資家は、バイアスなく自分の信念に基づいて投資を行うことができます。**

　株価が既に割安圏にあるが、じりじり下がっている状態で、徐々に買っていくことができるかどうかは、長期で見た場合とても重要な要素です。パフォーマンスに余裕のあるファンドは多少このような行動がとれますが、パフォーマンスが厳しいファンドはそのような余裕のある行動がとれなくなります。また、本来なら買い増すことが必要な局面で、顧客からの解約などからむしろ売らなければならなくなることもあります。逆にパフォーマンスが上がり過ぎてそろそろ売却をしたいと思う時でも、大量の新規資金が入ってくると売るより先に買わなければならなくなることもあります。つまり、個人投資家のように閉じられた資金の中で運用することと異なり、**機関投資家は自分たちでコントロールできない様々な要素での入出金があり、そのことも投資判断以外の投資行動につながる場合がある**のです。

　このような一般的な制約はどの運用機関にもあり運用会社である以上は避けられないものと言えます。またこれ以外にも運用機関ごとに独特の制約があるはずです。

個人はプロとは異なるルールで戦える

　個人投資家の場合には、今説明したような機関投資家の問題点を理解し、徹底的に避けることが成功のポイントです。機関投資家や元機関投資家の人たちの説明を聞いていると、彼らのやり方を説明しているだけのものも多いように感じます。しかし、同じ土俵で戦えば、情報やシステム、マンパワーで勝る機関投資家に勝つことは困難です。情報格差がなくなっているので個人投資家も機関投資家と同じようにできるという人もいますが、やはり情報量やシステムも含めた情報処理力という点ではなかなか太刀打ちできず難しいのが現実です。そして、そんな部分で張り合うよりも個人投資家にできて機関投資家にはできない部分で相場に挑むのが合理的です。

　まず最も活かしてもらいたいのは、先ほどから繰り返し書いていますが、休むことができるという利点です。毎日相場を見ていると、日々の動きの意味を理解しようとしがちです。しかし、市場におけるノイズを無理やり解釈しようとすることは、長期の投資判断を間違える元になります。ですから極論から言えば、相場を毎日は見ないことが大切です。相場が上がっている時に、自分が十分投資ができていなくても、自分が持っているものが下がっていても、日々の細かい動きは気にしなくてもよいのです。これによって、自然と長期投資への感覚が研ぎ澄まされていきます。そして自分の相場観が当たっていない時、相場の動きを正しく解釈できない時などは、しっかりと休みましょう。機関投資家は、上がっている時も、下がっている時も、大型株相場の時も、小型株相場の時も、バリュー相場も、グロース相場も、何かしらの投資行動をとらざるを得ません。個人の場合は、自分に向いていないと思ったら、その時は何もせず、プロに任せるところは任せて、自分の得意なところだけやればいいのです。

　また、**負け組を買う必要はない**ということです。機関投資家は多くの場合、短期でも競合に負けないために、長期的に企業価値が低下すると判断している企業の株でも一定程度買う場合が多いのですが、個人投資家はそのようなことをする必要はありません。自分がよいと思うものだけを買えばいいのです。とにかく**他人を意識しないで、自分を信じることが大切**です。

　そしてできるようになれば、特に成果が大きいのは、時間を味方につけた投資です。機関投資家は、どうしてもある一定の期間の中で成果を上げなければならず、そのため投資の軸が短くなりがちです。私がシンガポールで担当していたファンドは投資の時間軸が長く、2年3年成果が上がらなくても気にしないという顧客をたくさん抱えていました。しかし、それでも成果が出ないとやはり厳しい状況になります。多くのファンドはそのような時間軸ではなく、数四半期マイナスだとものすごいプレッシャーがかかってくるものです。そのため、割安だと思っても上昇するためのカタリストがない銘柄にはなかなか手を出せないわけです。しかし、個人投資家の場合は、割安だと判断できれば、いつかは上がると思って買い続けることができます（少なくとも売る必要はありません）。「顧客から怒られるのではないか」と心配して、長期では買い場だと思いながら売却する必要もありません。これは我々の世界では、「Holding Power（苦しい時にも保有し続ける力）」と言って、**短期的なパフォーマンスや見た目をよくするために不合理な投資行動をとる必要がないことは、とても大きな競争優位性になります**。これも、日本で運用をしていた時と海外で運用をしていた時に感じた顧客の評価基準における大きな差の1つです。

　海外の顧客は、ファンドを保有している顧客属性をとても気にします。これはファンドに投資している顧客が長期視点かどうかは機関投資家の投資行動に影響を与えると考えているからです。つまり、顧客が長期視点であれば、機関投資家も長期投資しやすくなります。しかし、短期で判断する顧客が多

いと、機関投資家も短期のパフォーマンスが重要になるため、長期投資が難しくなります。そのため、ファンドを保有している顧客の属性が重要なのです。一方、個人投資家の場合には、顧客は自分しかいませんので、自分の気持ち次第で徹底的に長期運用が可能です。つまり自身の資産運用方針をしっかりと定めて、投資の配分とリスク管理を適切に行っていれば、最高のHolding Power を持ち得るわけです。これだけ有利な条件が揃っている個人投資家は、正しいやり方さえすればプロの投資家を十分上回る成果を上げることが可能なはずなのです。

プロ投資家を上手に使う

　また、個人投資家はプロの投資家の使い方を理解することも必要です。**機関投資家はプロで、自分たちよりも投資が上手い人たちではなく、自分たちができないことや苦手なことをやってくれる人たちと考えるのが正解**です。例えば、個人でインデックスファンドを作ろうと思っても、それは現実的ではありません。とにかく市場全体を買いたい、あるいは売りたいと思った時には、彼らの作ったファンドを利用します。

　また、自分の苦手なことをやってくれる場合もあります。例えば、小型の株式を選ぶことは得意でも、大型株についてはよく分からない場合などもあるでしょう。大型株相場だと思ったら、無理をして銘柄を探さなくても、大型株のファンドを買えばよいわけです。バリュー株相場や、ハイテク株相場など、市場では様々なテーマが登場しては消えていきます。機関投資家は、毎回必死で勉強するわけですが、個人の場合は得意分野の時だけ自分で投資を行い、苦手な相場が来た時は、プロに任せればいいのです。

　海外株式に投資をする場合でも、市場全体のインデックスを買うこともできます。しかし、時には米国株は高過ぎるとか、今は新興国の株を買いたい

と思う時もあるでしょう。そういった時には、それ専用の投資信託を買えばよいわけです。

　とにかく焦らず、自分の得意なことだけを行い、プロを上手に使いましょう。ただ苦手なことをやらないといっても、これからの時代がマイルドでもインフレの時代になるとしたら、投資を避けることはできません。つまり、自分のライフプランに合った資産構成だけは決める必要があります。それをベースに、自分が分かる時だけ、あるいは自分の得意分野だけ自分の考えを信じて、長期視点で投資を行うようにします。個人投資家の優位性を活かしながら、プロを上手く使って資産形成を行ってください。

個人投資家が成功するためのポイント

・苦手な局面ではしっかり投資を休む

・他人を意識しない

・時間を味方につける

---

3 投資の実践

1 自分の強みから投資する方法

「個人投資家は自分の強みを活かして投資すべき」——そう言われても、自分は投資の知識もないし、ましてや強みなんてないと思う方も多いかもしれません。しかし、それは、あなたの知識や経験を過小評価しているだけです。誰でも投資につながる強みを持っていますが、その活かし方を知らない方がほとんどなのです。要は、何が投資に活かせるのかを理解することができれば、あなたが持っている強みを活かすことができます。

私の投資に関する強みで最も大きいのは、他の投資家との認識の違い「認識ギャップ（perception gap）」を持っていることです。私の場合は、利益やキャッシュフローへのこだわりが強く、他の人たちがこう動くと信じている株価の材料に対して、それが利益やキャッシュフローにつながるかどうかで投資をしていました。そのため、多くの市場参加者が悪材料だと思って、ストップ安となる銘柄に対しても、利益と関係ない情報だと判断したら、自分だけいくら買っても気にならなかったのです。つまり、私の場合はファンダメンタルズ分析にこだわる姿勢が、経験豊富で株価形成の特徴をよく理解している他の投資家との違いを生んだわけです。ただ、こういうことをするためには、会社のビジネスモデルをしっかりと理解している必要があります。私たちのようなプロの投資家はそのようなプロ同士の戦い方をします。

　個人投資家がプロに勝つには、もっと簡単なやり方があります。まずプロの投資家、いわゆる機関投資家はビジネスパーソンでスーツを着て会社で投資の仕事をしています。発想の仕方も基本的には金融機関の人たちの発想です。多くの人たちは業種も違いますし、ライフスタイルやものの考え方も異なるはずです。まずは、スーツを着てオフィスで座っている金融機関の人たちの思考方法や現状認識力との違いを見出せばいいのです。

　例えば、学生などの中にも、ファッショントレンド、美容機器、食品などに詳しい人もいるでしょう。「これはすごいな」「これはいける」と思ったら、どの会社が作っているものかを調べ、その会社の情報を調べてみましょう。プロが気付いて大騒ぎして買い始めるのは実際に売上や利益が上がってからですから、早くても半年後です。理系の方の場合、自分の趣味ですごい技術が開発された時、大学で研究したテーマが実現した時など様々です。自分の身の回りや過去の経験から見てすごいと思ったものが出てきた時、投資の世界の人たちはまだそれに気がついていないか過小評価していることが多いはずです。

　自分の知識が豊富な分野であれば、その市場の規模感も分かります。そういうものが見つかった時に投資をしてみると面白いのです。そういう対象がない時には無理に個別の投資はしなくてもよいのです。自分の強みがあるものが出てきた時だけ投資をするのです。そのためにも、年に一度くらいどんな株がどんな時に上がったのかということを調べておくと、自分のどんな強みが活かせる可能性があるのか分かりそうです。

　では、これは面白いかもしれないと思った時は、何を調べてから投資すればよいのでしょうか。

　投資対象を調べる際に機関投資家は概ね似たような項目を調べます。それでも投資判断に差があるのは、投資の時間軸の違い、ファンドの特性に加え、企業価値を評価する際に用いるバリュエーション手法が異なるからです。

　個人投資家の場合、機関投資家と同じ手法は取らない方がよいでしょう。彼らは巨額の調査費用を使い、膨大なデータベースやアナリストによる取材を基に判断しています。同じ土俵で戦うのはとても不利だと考えるのが自然です。

　私が個人投資家として投資するのであれば、機関投資家とは時間軸を変えます。つまり、四半期のパフォーマンスなどを意識せざるを得ない機関投資家が行う四半期の決算予想などは思い切って捨てます。ベストなタイミングで売り買いをしようとしません。いいアイデアが湧いてこない時には個別の投資はしません。毎日株価は見ないなどのルールを定めそれを守るでしょう。その上で頻繁にマーケットを見なくてもよい投資に徹し、必要最小限のことだけをします。

　株式投資のやり方には、優良な成長企業に長期でバイ・アンド・ホールド（買って保有する）をする方法、安い株を買って割安でなくなるまで持っている方法、などがあります。長期で優良な成長企業に投資する方法だと株価は年に1回チェックするだけでもいいでしょう。安い株の場合、割安でなくなったら売るので、月1回は株価を見た方がよいでしょう。安い株を買うやり方は株価をチェックすることが必要で、そもそも株価が安いかどうかが分からないといけないので、株式投資の基礎を勉強する必要があります。

　私は個人投資家が株式投資をする場合、できるだけズボラでも継続できるやり方がよいと考えています。それでも投資をする前には調べるべきことがあります。それは、その企業のビジネスが多少なりとも成長するビジネスであるか、売上が伸びているだけではなく、利益がきちんと出ている事業であるかということです。これは当たり前に思うかもしれませんが、既存のビジネスは成長しない企業、競争が厳しくなかなか利益が出ないビジネスはたくさんあります。

　不安定で厳しい環境にある企業の株はその企業が復活した場合には、大き

な値上がりも期待できます。しかし、そういう企業を見つけるのはなかなか難しく基本的にはプロの仕事です。変化も激しいので、しっかりと勉強し、頻繁に企業の動向を見たりすることが必要となるからです。もちろん自分の得意な分野で産業の構造や企業の立ち位置が変わってくるとの直感が働いた時には、大きなチャンスがあるはずなのでよく調べるとよいでしょう。

　まず、長期で放っておくことができる有望企業に長期投資をするならば、その企業は自分が就職したい企業かどうか、あるいはお子さんを就職させたい企業かどうかを考えてみてください。自分が入社して働くなら、基本的に伸びている会社がよいですよね。沈みゆく会社に就職したくはありません。その場合、会社の長期の業績推移が分かる資料を探します。最近は統合報告書を作っている会社も多いので、そこにはたいてい長期の業績推移が出ています。どんな社長が何を目指しているのかが分かりやすく、将来にも存在していて欲しい会社を探します。

　売上の伸びも最近は M&A なども多いので会社全体が伸びているだけではなく、既存のビジネスが伸びているか、既存のビジネスは減少し新しいビジネスが伸びているのか、などを確認します。

　また、その企業のビジネスは、市場自体が伸びているのか、その企業のシェアが上がって伸びているのか、競合がいるのかなど、その会社の置かれている環境を確認します。できれば無理せず、努力していたら会社も成長し、自分の給与も上がる会社がよいのではないでしょうか。しかし、誰もが知っているような大会社だからといって成長しているとは限りませんし、儲かっていなければいつリストラになるかもしれません。バブル崩壊を経験した世代の方々は身をもって大企業というだけでは安心できないという経験をしましたし、若い世代の人たちも大企業に対する幻想は持っていないように感じます。その感覚を信じるとよいでしょう。

　自分が就職するなら給与が上がる会社がいいですが、そのためには 1 人当

たりの粗利が伸びている必要があります。1人当たりの粗利が増えていない会社は給与を上げようと思っても、給与を上げるための原資がありません。次にビジネス自体に共感できる会社です。この会社の製品は本当によいなとか、このサービスは本当に人のためになっているな、この会社がなければ困るなと思うような会社です。そんな会社で働いていたら、毎日誇らしい気持ちになると思います。

　長期投資ではそんな企業を探し、その企業に入社する代わりに株を買うようにするだけです。そこには株式投資の専門的な知識はほとんど必要ありません。そして、自分の人生をかけて入社する会社を探すのに比べると、いつでも売却できるため間違った判断もすぐに修正できます。つまり入社する会社選びに比べると格段に低リスクなのです。このような会社は、普段の生活の中で何にでも興味を持っていれば、偶然見つかるものだったりします。そういう視点で生活をしていると、新しい発見もあり、人生が面白いと感じます。そして、このような企業は、投資しようと思った時に、一気に発見できるわけではありません。株式投資をして儲けようという考えではなく、投資家目線で社会や企業を見ることで年に1社か2社、そんな発見があれば十分です。場合によっては何年かに1社でもよいのです。

　ただ長期投資で買ったとしても、保有している企業の状況に関しては、年に一度くらいはチェックしてください。株式投資では、「Buy and Home-work」と言いますが、これは定期的な宿題のようなものです。保有している企業のチェックは年間の決算だけでもいいです。株式会社には年に1回は株主総会があり、招集通知というものが来ます。それを分からなくてもよいので、読んでみましょう。そうすれば、どんな人が経営しているのかだけでなく、業績なども分かります。株主通信などが付いてくる場合は、新製品や最近のビジネス動向などを知ることもできますし、たいていは社長からのメッセージもあります。そこで、自分が最初に考えた投資理由が変化してい

ないか確認してみてください。そこで自分の考えと違う方向に行っていると思ったら、再度確認します。自分が想定していた通りに会社が成長していたら、そのまま持っていればいいのです。長期投資は自分が惚れた会社に投資し、その成長を見守りながら楽しみに保有し続けるだけなのです。

ここから少し最近よくある質問についてお答えしたいと思います。

2 インデックスか個別株か？

資産形成をする上でインデックスファンドを買うのがよいか、個別株を買うのがよいかという質問があります。もちろん個別株は 10 倍 20 倍になる株もあるので、よい会社を見つけることができるのであれば、個別株の方が儲けは大きく、投資リターンは高いということになります。私は経済や資本市場の仕組みを理解するためにも、少しは個別株に投資してみるとよいと考えています。しかし、それが難しいのであれば、もちろんインデックスでもよいですし、資産形成の主要な部分はインデックスファンドでよいと考えています。

インデックスファンドは、何といってもコストが安いことが特徴で、運用においてコストのメリットは極めて大きいです。ただ、株式市場というのはいつも偏りがあります。例えば、日本株はこの数年を除くと、過去 30 年間一部の大型株は常にパフォーマンスが悪かったわけです。また、ガバナンスも効いておらず、低収益を継続している企業も多数存在しています。市場全体を買うインデックスファンドでは、そのような企業の株も買い続けることになります。本来、長期運用であれば、そうした会社の株は買いたくない方が多いでしょう。しかし、インデックスファンドだと、そのような企業の株も市場ウエイト通りに買うことになってしまいます。これは長期の資産形成の点では残念なことではあります。

　米国株でもマグニフィセント・セブン（グーグル〔アルファベット〕、アップル、メタ〔旧・フェイスブック〕、アマゾン、マイクロソフト、テスラ、エヌビディア）と言われる一部の企業の株を除くと、株価上昇率は日本株と大きな違いはないのですが、マグニフィセント・セブンの株価が高いか安いかの判断はなくそのまま買ってしまいます。

　この数年円安が進んだのでドルベースで見た日本株の指数は出遅れていますが、そこまでは差は大きくありません。結局、1990〜2003年までのバブル崩壊期を除くとそれほど株価上昇率に違いはなく、最近の格差は一部の大型ハイテク株の差が中心だというのが実態なのです（図表3-9）。

　そういった意味では、インデックス投資は無駄が多いやり方ではあるので

図表3-9　S&P500とドル建て日経平均はコロナ前まではほとんど差がない

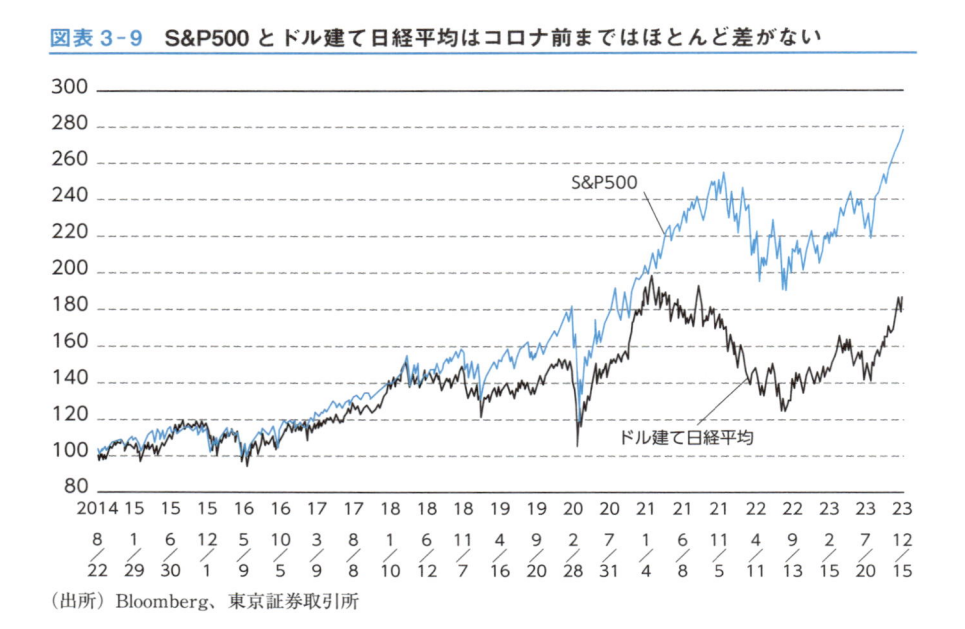

（出所）Bloomberg、東京証券取引所

すが、コストの安さと個別銘柄を選ぶ難しさを差し引きするとメリットはあると考えられています。まずは資産形成の面では、インデックスファンドを用いて適切な資産構成で資産管理を行い、そこから自分が気に入った個別株を徐々に買ってみるのがよいのではないでしょうか。もちろん、自信がない時に無理して個別株に投資するというのは避けるべきです。

> **ポイント**
> ・インデックスファンドはコストの安さにメリット
> ・インデックスファンドを用いて資産構成をコントロールする

3　バランス型・ロボアドの使い方

　資産運用が初心者でよく分からない時には、「流行りのオールカントリーインデックス、バランスファンド、ロボアドにお任せでいいか？」といった質問がよくあります。

　現在多くの人が推奨しており、人気のある金融商品には、受け入れやすいポイントや長所もあります。ただし、どんな場合でも、それぞれの商品の特徴を理解した上で上手く使うことが必要です。万人が何も考えずに使える商品は存在しないのです。

　基本的に自分の資産の配分を考える際には、自分が何を持っているかを洗い出す作業が必要です。あなたがどんな資産を保有していて、何のために運用するのかという目的が分かれば、系列の商品を勧める必要がない独立系の資産アドバイザーは的確なアドバイスをしやすいと考えられます。現在保有している資産を分析するという工程を抜きにして、「この金融商品はよいです」という商品ありきで売り込まれているものはよくないということは、基

本として理解してください。そういう意味では、オールカントリーインデックスでも、バランス型ファンドでもロボアドでも、それだけでよいということはありません。何か目的がはっきりとしており、それを実現するためのツールとしてそれが適切かという視点で考えるというのが基本です。つまり、**オールカントリーインデックス、バランスファンド、ロボアドなどは使い方によっては優れた商品ですが、使い方が重要**だということです。

　注意点としては、他の資産との重複は意識するべきです。例えば、バランス型はそれ自体で最適なリスクとリターンの特性を持つように作られています。しかし、そのファンドを買う人は他にも株式投信を持っていたり、外債を保有したりしているケースも多いでしょう。多くの場合、日本円の現預金は既に持ち過ぎるほど持っています。そのため、あえてバランス型の中でも日本債券を保有する必要があるのかなどは考えた方がよいです。つまり、バランス型はその資産配分を参考にしながら、改めて自分の資産構成を見直しその差異を修正するための参考として利用すると効果的です。自分の資産構成がバランス型に近ければバランス型をそのまま買い足せばいいですし、遠い場合には不足している資産を買い足し、過剰に保有している資産の売却を進めていくことになります。

　本当はその人が保有する資産全体で、最適なリスクリターン特性にすることが必要なのです。1つひとつの商品が優れていても、持ち方次第では全体として不適切な選択となっているということはよくあります。どの程度、資産管理に手間をかけることができるかにもよりますが、様々な金融市場の動向を見て判断しているバランス型やロボアドを参考にしつつ、自分でも全体の管理を行った方がよいでしょう。もしくは、海外の富裕層のように信頼ができるプロにポートフォリオの管理をお願いすることも考えられます。

> **ポイント**
> ・万人にとってよい商品というものはない
> ・単一の商品ではなく保有資産全体で考える

4 ｜ 世界経済の成長と株式インデックスファンドのリターン

　「世界経済が長期間にわたってマイナス成長を続けることはないのだから、全世界に投資している株式インデックスファンドのリターンも長期ではマイナスになるのは現実的ではない」という意見があります。これは一見正しそうに聞こえますが、株式市場というものを正しく理解できていない意見です。

　古くから株式市場は「経済を映す鏡」であると言われ、各国の株式市場はGDP の上昇とともに上昇してきたことや、その国の代表的な企業が上場していることからも、代表的な企業が生み出す付加価値と GDP の拡大は概ね相関するとの考えがあります。

　しかし、GDP と時価総額の関係を見ると、その関係は極めて不安定です。例えば、日本の株式時価総額 ÷ GDP は、1989 年に約 146％をつけますが、その後バブル崩壊とともに低下し、2002 年には 47.3％にまで低下します。つまりこの間の GDP 成長は株式市場には反映されていません。その後の時価総額上昇は、GDP 成長よりもむしろその比率の上昇によってもたらされています。逆に言うと、今後日本の GDP が 10％成長しても、比率が現在の140％から 1994 〜 2022 年までの平均値 70.1％にまで低下すると、時価総額は 45％低下することになります。同様に米国も経済自体が成長したとしても比率が現在の 150％超から、80 年代の 50％弱になったとすると時価総額は現在の約 1/3 になるわけです。

　また、株式市場と時価総額の関係は国によっても大きく異なります。ユーロ圏の時価総額はGDPの規模と比べると日米に比べかなり低い状態が続いています。つまり、株式時価総額はその国における株式市場の位置づけによっても大きく異なるのです（図表3-10）。

　これを世界経済の成長という言葉で語るとさらに怪しくなります。多くの人は世界経済の成長と言った場合、日本を含む先進国の経済成長は限られたとしても、インドをはじめアジア・アフリカなど新興国の成長はまだまだ続くと思っているのではないでしょうか。しかし、**世界のGDPに占める新興国の比率が現在約5割なのに対して、オルカン（全世界株式）における新興国の比率は2024年3月末現在10％に過ぎません**。つまり世界経済の成長と

図表3-10　日本の時価総額÷名目GDP

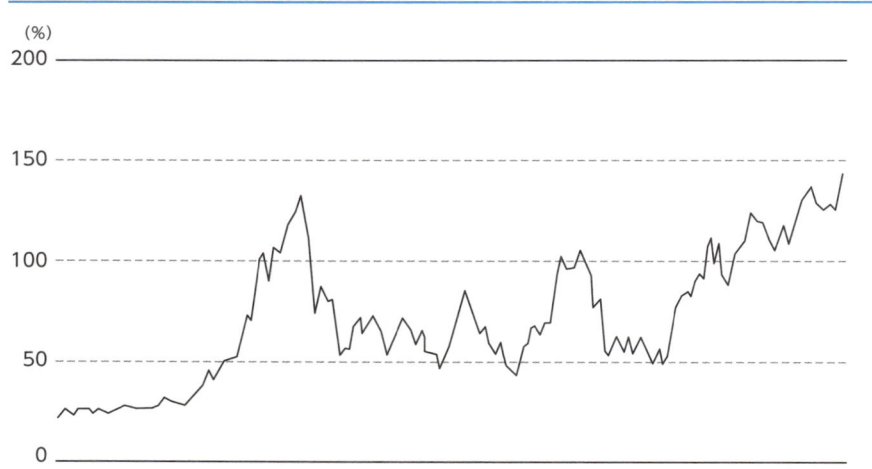

（注）国内時価総額（月次、東証）を利用。
（出所）東京証券取引所、内閣府のデータをもとに作成

全世界株式時価総額の成長が同じになるはずがないのです。

　オルカンのパフォーマンスに関して言えば、ファンドの約 6 割を占める米国株式市場の影響が圧倒的に大きく、なかでも S&P500 指数の約 3 割を占めるマグニフィセント・セブン（グーグル〔アルファベット〕、アップル、メタ〔旧フェイスブック〕、アマゾン、マイクロソフト、テスラ、エヌビディア）の株価動向の影響が最も大きくなります。つまり**全世界株式インデックスファンドのパフォーマンスは世界経済の成長という時にイメージする新興国の経済成長よりも、マグニフィセント・セブンなど一部のテクノロジー企業の株価評価による影響の方が大きい**ことには注意が必要です。もちろん長い目で見たら GDP と時価総額の比率が変化しても、GDP の成長の恩恵を一部受けるでしょう。しかし、それは人の一生を考えた場合に許容できる程度の長さなのかどうかは全く不明なのです。

ポイント
- 経済が成長しても株式市場が上昇するとは限らない
- インデックスファンドの国別ウェイトと世界の GDP の国別ウェイトは大きく異なる
- 全世界インデックスファンドのパフォーマンスは一部のテクノロジー企業の株価評価による影響が大きい

5　オルカン（全世界株式）か S&P500（米国株式）か

　オルカンと S&P500 ではどちらがよいのかというのもよくある質問です。しかしこれも、米国株とそれ以外ではどちらが強いのかという質問と同義です。そして、米国株の動向はマグニフィセント・セブン次第ということにな

ります。ですので、パフォーマンスの差だけの話であればマグニフィセント・セブンのパフォーマンスがどうなりますかという質問とほぼ同じということになります。

　ただ、「どちらがいいか」ということを判断するのは、「どちらのパフォーマンスがよいか」ということだけではありません。世界の株式に投資をするといった場合に、オルカンに投資するのと、米国株＋米国株以外など複数のファンドを組み合わせて購入するのと、どちらのコストが安いのか、またご自身としてどちらの手間がかからないのかということがあります。もちろん、全世界株式ファンドで、投資している全ての国や企業に目配せして、適切な対応がとれるなら、それに越したことはないかもしれません。しかし、現実には、そのようなことは可能でないことを考えると、私なら全世界株式に投資します。

　そして、GDP の大きい国で、全世界株式での比率が低い国（例えば中国・インド）、その逆に GDP に比べて全世界株式での比率が高い国（米国・英国）などに関しては、定期的に経済や株式市場の動向を確認して、個別に判断していくといったやり方をします。面倒な場合には、現在の時価総額がGDP 比で過去最高水準にあることを踏まえて、下落した場合には積み増せる程度の余裕を持って投資をしていきます。ちなみに ACWI が開始された1987 年以来のパフォーマンスは年率 7.64％ですが、過去最大の損失はリーマンショックが起こった時期に当たる 2007 年 10 月末から 2009 年 3 月で、高値から約 58％下落しています。

　現在、様々な人が説明しているリターンは現在過去最高値にある指数を見て過去のどの時点で買っていてもプラスになるということを説明しているわけです。大幅に下落している時点で、ファンドの取り崩しが必要になる方などにとっては、結論が全く異なることになることには注意して投資先を選ぶことが必要です。

6 市場が暴落した時にどう対処するのか

　「市場が暴落した時にどう対処しているのですか？」というのもよくある質問です。

　株式などの資産は少なくとも数年に一度は暴落というような大幅な下落局面があります。もちろんその幅はその時その時で異なり、その後の回復速度も異なります。通常は数年で回復してきますが、日本のバブル崩壊のようにピークで買ったら、その後30年経ってもその時の価格に戻らないということもあります（配当なども入れると日本株は既にピークを回復しています）。

　当然ですが、株式市場が暴落すると分かっていれば、事前に売却し、保有していたくはありません。しかし暴落は事前には分かりませんし、仮に株が割高だと思ってもまだ株は上がると思っているものです。

　私の昔の上司は、リーマンショック時にキャッシュ比率を高め、徹底的にディフェンシブなポートフォリオを組むことで損失を回避しました。しかし、私は基本的にはそのような判断を行うことはしておらず、個別の割高割安だけで判断するので、そのような思い切った対応はとってきませんでした。私の個人の資産は基本的にインデックスファンドなので残念ながら市場が暴落する時には自分の資産も市場と一緒に大きく目減りしています。

　もちろん、株式を常にトレードする人であれば、損切りのルールなどを設けていて、早めに売却するかもしれません。ただ、本書で書いたように長期での資産形成をしている人であれば、暴落時に売却するようなことをせず、ひたすら規則正しく買入を行い、長期での成功体験を積んでいるはずです。そのため、「長期・積立・分散」の原則で資産形成をしてきた人たちが暴落局面だけ上手く逃げるということは基本的にはできないはずです。逆にそのような局面で、売り逃げられる方は、往々にして「長期・積立・分散」のメ

リットをそれまで享受できていなかったと考えられます。いいとこ取りはできないのです。

　私は本書の中で、市場を注視し過ぎることなく、手を抜きながら資産形成することを勧めています。したがって、ちょっとした市場の下落は気がつかないかもしれませんが、それでもニュースで大騒ぎになれば、市場の異変に気がつく人が多いと思います。長期の資産形成をしている人にとって必要なのは、そこで売却することではなく、余裕をもって運用を継続できること、そして可能であれば総悲観に陥った局面で買い増すことができることです。そのためにも、自分が大損をしても冷静でいられるようにすることが大切です。

　では、損をしている時にどうすれば冷静でいられるのでしょうか。それは第1に市場がパニックに陥っている時に、それを客観的に見ることができるよう、少し離れて市場を見ることです。ここで普段から手を抜いて、相場に貼り付いていないという姿勢が活きてきます。第2に適切なリスク管理です。余裕資金で運用していれば、大きな損失が出たとしても、それが生活に与える影響はありません。

　しかし、借金をして株を買っていたとすると大変です。株が下がれば借金の返済に追われることになります。お金を借りて株に投資することなどないと思う方も多いと思います。しかし、住宅ローンを抱えている場合などは、実質的には借金をして不動産や株を買っているのと同じ経済効果を持つことになります。つまり損をしている時に、冷静でいるためには、余裕をもって損失を受け止めることができるだけの備えを普段からしておくことが大切なのです。

　年金などは四半期ごとに基準となる資産配分になるように、増え過ぎた資産を売却し、逆に減り過ぎた資産を買い増し、資産配分を調整します。個人の方も年に1回程度は自分の資産配分を確認し、翌年の積立額を調整すれば

よいでしょう。取り崩し局面に入っている人は多くなり過ぎた資産から取り崩していけばよいのです。普段から規則正しい資産管理を行っていれば、損失が出た局面でも比較的冷静に対応できるようになります。さらにレベルが上がるとそこで買い増しができるようになるわけです。もちろん買い増しは早すぎたり遅すぎたりします。最高のタイミングで買い増せることはなかなかありませんが、これは経験で少しずつ学んでいくしかありません。

　これは私のように 30 年間もプロとして株式相場と対峙している者でも難しいのです。実際、私の個人資産は基本的にはインデックスファンドを長期保有しているだけなので、株式市場が暴落する時には大きな損を被っていると書きました。ただ、株価が大きく下落した時には、買入を行い、資産に占める比率を維持しているので、単純に何もしないでいるよりはリターンが大きくなっています。日本のバブル崩壊のように、その後数十年にわたる変化が起こる場合は別ですが、リーマンショック程度の下落であれば、それをそのまま受け入れて冷静に買い増すという考え方もあるのです。

ポイント

- ・細かく相場の上下を予想することも暴落を避けることも難しい
- ・余裕をもって運用することで短期間に大損しても耐えられるリスク管理が重要
- ・株式に投資する限り暴落は避けられないことを理解し、冷静に対処することが肝要

7　できれば個別株投資にチャレンジして欲しい

　私自身が個人資産では個別株投資を行っていないにもかかわらず、私は皆

さんが少しは個別株投資を行ってみることは意味があると考えています。念のために言っておきますと、私が個別株投資を行わない理由は、個別株に投資をする仕事なので、ファンドでの投資に影響を与える個人での投資は行わないと決めているからです。ですから、仕事を引退した時にはもちろん個人でも個別株投資は行うつもりです。

これまでも説明してきた通り、個人の資産形成という視点ではインデックスファンドなどの保有で十分であり、個別株投資の必要はありません。それでも、長期の資産運用を行おうとする人やこれから社会人としてキャリアを積んでいく若者にとって個別株投資は投資信託にはない様々な学びがあると思います。

株式投資を行うと、多かれ少なかれ損失を出すことがあるでしょう。損失は判断ミスからだけで生まれるものではありません。どんなに調べつくしても損をする時はあります。また時間をかけて調べていると手遅れになりせっかくのチャンスを逃したと思うこともあるでしょう。確実なものはなく、不確実な状態でいかに意思決定していくかの訓練を積むことはとても重要で、これはプロに任せる投資信託への投資では得られにくい体験になるはずです。このような経験を積んでいくことで、経済のダイナミズムや企業経営における意思決定1つひとつが与える影響、社会の動きなどを自らの資産の損失という痛みも伴いながら理解することができます。このような経験は、社員として日々の仕事を行っている時には得られない経験となるのではないでしょうか。

私は株式に長期投資する場合には、Owner（所有者）としての意識が必要だと考えています。先ほども自分が共感できる会社、自分が働きたくなる会社に投資するという話をしました。小さな割合ではありますが、その会社のOwnerの1人という意識を持つと会社の経営を考え、自分が経営者だったらどうするか、競合との比較で現在の経営戦略は正しいのかなど様々な興

味が湧いてきます。そのような**経営の疑似体験を積み重ねることは大きな財産となる**でしょう。また、資産管理を行う上でも**様々な情報があふれている株式という資産で投資のトレーニングを行うことは投資リテラシーの向上につながっていく**はずです。

　米国では富裕層と富裕層でない人とでは株式投資の比率が大きく異なる話をしました。これは株式が値上がりしたから、お金があったから、起業で大金を手にしたからということだけでなく、経営を疑似体験できているかどうかや経済全体の動きを見るトレーニングができているかどうかという差もあるように思います。

　特に若い人たちにとっては、株式投資による損失を耐えられる範囲に抑えていくことは大前提にはなりますが、株式における損失は企業経営を学びに行く MBA に払う授業料と同じように捉えることもできるかもしれません。

ポイント

- 個別株式投資は経済の動きや企業経営における意思決定のインパクトを理解することにつながる
- 様々な情報にもとづいて株式投資を行うことは投資リテラシーの向上につながる
- 投資を通じて経営の疑似体験を積み重ねることは大切な人生経験となる

第 4 章

新 NISA 時代の投資のポイント
——資産形成の一部として、新 NISA をどう使うか

1 新 NISA 制度と税金の概要

　NISA 制度は 2024 年に改正され、新 NISA 制度がスタートしました。

　NISA とは少額投資非課税制度のことです。資産形成をする上で、非課税で運用し続けるか課税されるかによって手取り（税金などを差し引いて、実際手元に残るお金）が大きく異なります。長期で運用をする場合は複利効果もあるので、特に影響が大きくなります（図表 4-1）。

図表 4-1　課税非課税の差は資産形成上大きな差となる

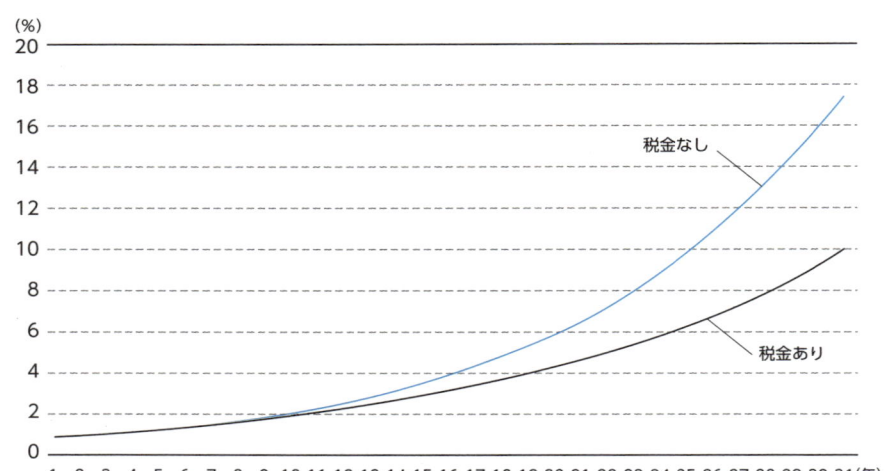

（注）毎年 10%の利益が出た場合に税金なしと 20%の税金がかかった後の受取金を再投資した場合。
（出所）著者作成

　日本では上場株式の配当金や投資信託の分配金（運用利益から投資家に資産の一部を払い戻すお金）に対して、一般に約 20％の税金が差し引かれます。また、金融商品を売却した時には売却益に対しても、通常は約 20％課税されます。

　例えば、通常の証券口座で株式を買って 10 万円の利益が出た場合、税金として約 2 万円が一般に源泉徴収され、売却をして受け取れる利益は約 8 万円です。しかし、証券会社や銀行などの金融機関で NISA 口座を開設し、上場株式や株式投資信託などを購入すれば、売却した時の利益や証券保有中に受け取る配当金や普通分配金などは非課税となります。先ほどのケースでは受け取ることができる手取り額は 10 万円で、約 2 万円の税金がかからないということです。

　つまり 100 万円を元手に、毎年 10％の利益が出た時点で売却し再投資した場合、非課税だと 10 年で 100 万円 × 1.1^{10} = 2,593,742 円となるのに対して、毎回 20％の税金がかかった場合には、10 年後には 100 万円 × 1.08^{10} = 2,158,925 円となり 10 年間で 434,817 円もの差が生まれるのです。このように長期での資産形成を考えた場合、新 NISA はとてもありがたい制度と言えます。

1 ｜ 新 NISA で具体的に変わった 5 つのポイント

　2024 年の制度改正によって NISA は恒久化され、NISA で運用できる金額の上限が大幅に引き上がり、利便性が高くなりました（図表 4 - 2）。

　新しい NISA では日本に住んでいて 1 月 1 日時点で 18 歳以上の人であれば誰でも利用できます。年齢の上限や働いているかどうかも問われず、リタイア後のシニアの方も制度を活用できます。一方、制度改正によってジュニア NISA（18 歳未満の未成年向けの NISA）は 2023 年に廃止となりました。

これまでの旧 NISA と比べると大きく変わったのは次の 5 点です。

1. 一般 NISA（成長投資枠）とつみたて NISA（つみたて投資枠）の併用が可能に
2. 年間投資上限額が最大 360 万円に拡大（つみたて投資枠 120 万円、成長投資枠 240 万円）

図表 4-2　新 NISA の概要

	つみたて投資枠　併用可	成長投資枠
年間投資枠	120 万円	240 万円
非課税保有期間 (注1)	無期限化	無期限化
非課税保有限度額（総枠）(注2)	1,800 万円 ※簿価残高方式で管理（枠の再利用が可能）	
		1,200 万円（内数）
口座開設期間	恒久化	恒久化
投資対象商品	長期の積立・分散投資に適した一定の投資信託 （現行のつみたて NISA 対象商品と同様）	上場株式・投資信託等 (注3) ①整理・監理銘柄　②信託期間20年未満、毎月分配型の投資信託及びデリバティブ取引を用いた一定の投資信託等を除外
対象年齢	18 歳以上	18 歳以上
現行制度との関係	2023 年末までに現行の一般 NISA 及びつみたて NISA 制度において投資した商品は、新しい制度の外枠で、現行制度における非課税措置を適用 ※現行制度から新しい制度へのロールオーバーは不可	

（注 1）非課税保有期間の無期限化に伴い、現行のつみたて NISA と同様、定期的に利用者の住所等を確認し、制度の適正な運用を確保。
（注 2）利用者それぞれの非課税保有限度額については、金融機関から一定のクラウドを利用して提供された情報を国税庁において管理。
（注 3）金融機関による「成長投資枠」を使った回転売買への勧誘行為に対し、金融庁が監督指針を改正し、法令に基づき監督及びモニタリングを実施。
（注 4）2023 年末までにジュニア NISA において投資した商品は、5 年間の非課税期間が終了しても、所定の手続きを経ることで、18 歳になるまでは非課税措置が受けられることとなっているが、今回、その手続きを省略することとし、利用者の利便性向上を手当て。
（出所）金融庁

3.　生涯非課税限度額は最大 1800 万円

4.　非課税保有期間は無期限に

5.　NISA 制度の恒久化

1.　一般 NISA（成長投資枠）とつみたて NISA（つみたて投資枠）の併用が可能に

旧 NISA では、年間投資上限額が 120 万円で非課税保有期間が 5 年間の「一般 NISA」と、年間上限額が 40 万円で非課税保有期間が 20 年間の「つみたて NISA」の 2 種類がありました。NISA の制度を利用する人は、「一般 NISA」か「つみたて NISA」のどちらを利用するかを選ぶ形で、併用はできませんでした。

2024 年からの新 NISA 制度では、一般 NISA は「成長投資枠」、つみたて NISA は「つみたて投資枠」と名称が変わり、「成長投資枠」と「つみたて投資枠」との併用ができるようになりました。

つみたて投資枠では金融庁の基準を満たした投資信託で、長期の積み立てや分散投資に適した商品のみが投資対象として限定されています。旧つみたて NISA 対象商品と概ね同様と考えるとよいでしょう。これに対して、成長投資枠では上場株式、投資信託などが投資対象商品です。

証券会社等で NISA 口座を開設すると、「成長投資枠」と「つみたて投資枠」という 2 つの勘定ができます。ただし、口座開設は 1 人につき 1 つの口座に限られ、複数の金融機関で NISA 口座を持つことはできません。

2.　年間投資上限額が最大 360 万円に拡大

旧 NISA で限度額は一般 NISA の場合 120 万円、つみたて NISA の場合

は年40万円でした。新NISA制度では年間投資上限額が360万円（成長投資枠が年間240万円、つみたて投資枠が年間120万円）と大幅に増えました。

　これまでの制度と比べると、老後資金を形成する上で十分なつみたて投資枠が確保されたと言えます。また、成長投資枠も大幅に増え、資金に余裕がある人はまとめて大きな金額を非課税で運用できるとともに、市場が大幅に下落した際に通常以上の投資を行うことも可能となりました。

3.　生涯非課税限度額は最大1800万円

　新NISAでは「生涯非課税限度額」が買付金額ベースで合計1800万円（成長投資枠は1200万円まで）と設定されました。つみたて投資枠だけで1800万円を使うことも可能です。例えば、年間60万円の元本を30年間積み立てると1800万円の枠を使い切ることになります。

　生涯投資枠は、取得価格（簿価）でカウントされることになります。金融商品を購入した後にその金融商品の価値が上がり、時価で1800万円を超えてしまったとしても、NISA口座で運用を続けることは可能です。

　NISA口座で金融商品を売却した場合には買付金額分の枠（簿価）が翌年に戻り再利用できます。これまでのNISAではNISA口座で保有する株式等を売却すると、非課税投資枠の再利用はできず、投資枠の範囲で投資をする必要がありました。今後は景気の動向から利益確定をして、翌年以降に再度投資枠に活用をすることもできます（ただし、同一年に再度投資枠を使うことはできません）。

　簿価とは有価証券の場合、取得時点で支払った金額で税務上の評価額です。時価とは有価証券を現在の市場価格で換算したものです。その時々の価格の変動により、常に変動していきます。

　例えば、年間投資上限額の360万円（成長投資枠240万円、つみたて投資

枠 120 万円）をめいいっぱい活用したい方は、5 年間で生涯非課税限度額に
到達する可能性があります。しかし、NISA 口座内の商品を売却した場合、
該当商品の簿価分（取得価格）の非課税枠を翌年以降に再利用することがで
きます。

　ただ、注意しなければならないのは、100 万円で購入した商品が時価で
150 万円になり、それを売却した場合、そこで得られる枠は 150 万円ではな
く 100 万円だということです。現在は制度が始まったばかりなので心配はい
りませんが、将来的には順調に NISA で投資を行い、時価で見ると生涯非課
税限度額を大きく上回っている場合、売却を行うと時価で見た NISA 投資額
が減少することは意識する必要が出てくると考えられます。

4. 非課税保有期間は無期限に

　旧 NISA 制度は、一般 NISA で 5 年間、つみたて NISA で 20 年間という
非課税保有期間がありましたが、新 NISA 制度では、非課税保有期間が無期
限になりました。

　制度改正によって、「いつ売ればよいか」「制度が終わるまでに利益を確定
しなくては」といった心配もなくなりました。非課税保有期間が無制限に
なったことで、バイ・アンド・ホールドの長期投資を安心して行うことがで
きます。

5. 制度の恒久化

　旧 NISA では一般 NISA が 2023 年まで、つみたて NISA が 2042 年まで
と制度自体に期限が設定されていましたが、新 NISA 制度では制度が恒久化
されました。これによって、「いつまで制度が利用できるのだろう？」とい

う不安が解消され、安心して将来のための資産形成が可能となりました。

2 ｜ 新 NISA の注意点

さて、これまで NISA のメリットをお伝えしましたが、注意点もあります。NISA 口座の中では発生した利益や損益と、通常の口座（特定口座や一般口座）で発生した利益や損益とを損益通算（同一年分の利益と損失を相殺）できません。

通常の口座で上場株式などの投資を行って利益（譲渡益や配当など）が出た場合は税金がかかりますが、損失が出た場合には他の商品から出た利益から損失を差し引いて、その分だけ税金を減らすことができます。それでもマイナスになった場合、確定申告を行うことで最長 3 年間損失を繰り越して控除する（損失の繰越控除）ことも可能です。

しかし、損益通算と損失の繰越控除は NISA 口座では利用できません。NISA では利益も損もなかったこととみなされるからです。つまり、NISA に関しては長期で儲けを出すことによっておトクになる制度で、**短期で頻繁に損や益を出す方には向かない**制度となっています。

NISA は値上がり益が見込め複利効果も大きくなるので、可能な限り売却せずに、株価上昇の恩恵を受け続けられるインデックスファンド（外国株や日本株）などを買い続け、短期的な材料で個別株に投資する場合などは NISA 以外で行うのが効率的です。また、**NISA で買う投資信託は分配金を出さないものにした方がよい**と言えます。NISA は残高が簿価で計算され、含みが大きくなっても、そこに税金がかからない制度だからです。つまり**分配金を出さずにファンドに蓄積することで、複利でお金を増やす効果がより発揮できます**。もちろん、取り崩しをしたい、配当が欲しいというニーズがある世帯はその限りではありませんが、積立中の方は分配金が再投資される

投資信託を選びましょう。もし面倒でなければ取り崩す場合も分配金ではな
く自分で一部売却を行った方がNISAの枠は有効に使えます。

　この部分は分かりにくいかもしれないので少し説明しておきます（図表4
-3）。100万円の投資を行って、時価が105万円となり5万円の分配金があっ

図表4-3　分配無分配の差は時間が経つに従って大きくなる

分配金ゼロ 　　　　　　　　　**1年後** (万円)

時価	100	105
NISA枠	100	100

分配金5%で再投資

時価	100	105
NISA枠	100	105

→ NISA枠に差が生じる

分配金ゼロで自分で5%分を売却

時価	100	100
NISA枠	100	95.2

分配金5%で再投資なし

時価	100	100
NISA枠	100	100

→ NISA枠に差が生じる

1800万円の枠を使っていた場合　　利回りが5%の場合

利回り分配金ゼロ

		1年後	3年後	10年後 (万円)
時価	1800	1890	2083	2932
NISA枠	1800	1800	1800	1800
収益合計		90	283.7	1132

利回り分配金5%

		1年後	3年後	10年後 (万円)
時価	1800	1800	1800	1800
NISA枠	1800	1800	1800	1800
分配金合計		90	270	900
差		0	13.7	232

（出所）著者作成

たとします。そうすると時価は 100 万円、NISA 枠の利用も 100 万円で 5 万円を受け取ることになります。分配金がゼロの場合に時価は 105 万円のままです。つまり翌年の利回りが同じだとすると複利分は有利になります。また、分配金ゼロで 5 万円分自分で売却した場合、受け取るのは 5 万円、NISA での投資額は 100 万円と分配金が出ている時と変わらないように見えますが、NISA 枠は 100 万円 ÷ 1.05 ＝ 95 万 2381 円となりますので、NISA 枠の利用は小さくなります。その分将来使える枠を増やすことができるわけです。現時点では、NISA 枠を使い切っている人がいませんので、その差は分かりにくいかもしれませんが、将来 NISA 枠を使い切る可能性が出てきた場面ではこの差は大きくなります。

　また、子供の教育費や住宅の頭金など数年内に予定のある支出に関しては預金を利用するなどの役割分担をさせましょう。なぜなら、売却をしなければならないタイミングが決まっている支出は損失が出ていてもお金が必要になったら売らざるを得ないからです。NISA はそうした数年先に見えている支出の準備のためというよりは、老後資金など長期のお金を育てる目的に向きます。

　つまり、NISA 単体で資産形成を考えるのではなく、一般の証券口座、銀行預金、生命保険など様々な金融商品をその特徴に応じて使い分けていくことが必要です。例えば、一般の証券口座では期待リターンの低い債券ファンドや価格の上下が激しい個別株、銀行預金は日々の資金の決済と近い将来使う予定のあるお金、生命保険は保障の確保のためなど、金融口座や金融商品の特徴をしっかりと理解し、役割に応じて使い分けるようにするとよいでしょう。

つみたて投資枠とは

　つみたて投資枠とは旧制度のつみたて NISA を引き継ぐ形の枠です。復習になりますが、つみたて NISA とは、2018 年 1 月より開始された新たな少額投資非課税制度のことです。つみたて投資枠ではつみたて NISA と同じく、国が定めた条件をクリアした投資信託が対象です。また、買い付けの方法が「積立投資」に限定されています。

　制度上は年 2 回以上の購入でつみたてとみなされ、毎日、毎週、毎月など「一定額」を「定期的に」「継続的に」購入していくこととなります。金融機関によってはボーナス時に増額設定できる場合もあります。時間分散のためにはできるだけ頻度を分けた方がよいでしょう。

　積立投資は、定額を定期的に続けて投資する手法なので、購入金額を一定に保つことで、価格が低い時に購入口数が多くなり、価格が高い時に購入口数を少なくする効果があります。全体の平均購入単価を平準化させる効果（ドルコスト平均法）があり、資産形成を長期で継続的に行っていく上で有効な手法の 1 つとして考えられています。また、最低購入単位は月 100 円程度からの金融機関もあり、少額からの投資が可能です。

　資産運用の名著『敗者のゲーム』（日本経済新聞出版社、2003 年）によると、アメリカの株式市場では、本が出版された以前の過去 75 年間（2 万7394 日間）のうち、株価の大幅な上昇があったのは 1800 日だけだったそうです。全体の期間のわずか 7％です。この株価上昇を全て読み当てて、正しく売買することができていた場合、資産は 1600 倍になったそうです。逆に、このタイミングを全て逃した場合、75 年間投資し続けても資産はほとんど変わらなかったという結果が出ています。ただし、株価の大幅な上昇があった 1800 日を全て当てることは現実的ではないので、それを当てるのではな

く、継続的に買い続けることが重要なのです。

　ちなみに、つみたて NISA の対象となっている投資信託は、手数料が低水準、頻繁に分配金が支払われないなど、「長期」「積立」「分散投資」に適した公募株式投資信託などに限定され、2024 年 1 月 30 日時点では約 281 本がラインアップされています。（https://www.fsa.go.jp/policy/nisa2/products/index.html）

成長投資枠では何が買える？

　成長投資枠は基本的に一般 NISA を引き継ぐ枠になりますが、前述の通り、年間投資限度額などいくつか変更になる点があります。

　成長投資枠では上場株式、公募株式投資信託、ETF（上場投資信託）、海外 ETF、REIT（不動産投資信託）などが投資対象商品です。旧制度での一般 NISA では公募株式投資信託全てを対象としていましたが、成長投資枠では対象が絞られ、非上場投信が 1807 本（うち、つみたて投資枠対象 245 本）、上場投信が 285 本（同 7 本）で合計 2092 本です（2024 年 1 月 4 日現在）。（https://www.toushin.or.jp/static/NISA_growth_productsList/）

　上場株式に関しては整理・監理銘柄を除外しています。既に上場廃止が決まっている企業、上場廃止のおそれがある企業の株式は購入できません。株式投資信託や ETF に関しては、信託期間 20 年未満、毎月分配型、為替ヘッジ目的以外のデリバティブ（金融派生商品）取引を用いた投資信託などを除外としています。

　例えば、毎月分配型、日経平均株価や東証株価指数（TOPIX）などの株価指数の 2 倍の値動きになるレバレッジ型、通貨選択型、運用期間が短い

テーマ型の投資信託など短期での取引が中心で、長期での資産形成には不向きと考えられる商品は除外されます。

　また、預金、外貨預金、債券（個人向け国債、米国債、社債など）、外貨MMF（マネー・マーケット・ファンド）、外国為替証拠金取引、金の現物取引なども対象外となります。

　成長投資枠では積み立てもできますし、一括購入も可能です。投資資金が限られているという方は単元未満株取引を利用すれば、比較的少額から上場株式に投資できます。投信の積み立てや単元未満株取引を活用できる金融機関もあります。

　日本株は2018年から1単元100株での売買に統一されましたが、株価上昇によって、銘柄によっては最低投資額が数百万円になります。1株単位から売買できる単元未満株取引を活用すれば少額投資が可能です。また、通常の株式投資では使い切れない少額の枠が活用できるので、年間非課税枠240万円に近づける調整もできます。このように工夫をすれば成長投資枠を活用して、多くの方が上場株式の購入も検討できそうです。

　長期で見た場合、資産配分（アセットアロケーション）は投資成果（リスクとリターン）の約90％を決めるとも言われています。長期で時間分散する場合、運用の大部分はどの銘柄をどのタイミングで買うかではなく、全体の資産配分が最も重要だと考えられています。そのため、積み立て投資で長期間一定額を買い続ける場合、運用を開始するタイミングはあまり考えなくてもよいと捉えてください。ただし、**退職金や相続資金などまとまったお金を一気に投資する場合、タイミングの影響が大きくなります**。大きなお金が入ってきた場合にはタイミングによる影響を小さくするために複数回に分割して徐々に組み込むなどの工夫が必要です。

　ここで、一般的な個人金融資産における資産配分の考え方を簡単に説明します。資産配分の重要性や、それを保有する金融口座の特徴を理解すること

図表 4-4　各資産のリスク（標準偏差）と期待リターン

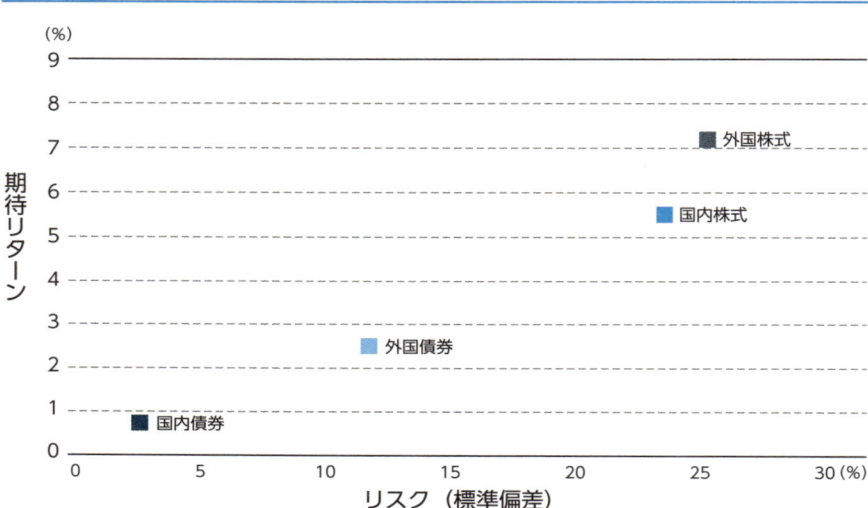

(注）GPIF が 2020 年 4 月 1 日より適用した基本ポートフォリオを策定した際の数値。期待リターンは
　　名目賃金上昇率を加えた名目値。
(出所）年金積立金管理運用独立行政法人（GPIF）「分散投資の意義②投資のリスクとは」(https://
　　www.gpif.go.jp/gpif/diversification2.html)

　の大切さはここまでにも説明してきました。具体的には複数のリスクやリ
ターンの特性の異なる資産クラスに分散投資し、値動きは少ないもののリ
ターンも低い現預金や債券のような商品、より大きなリターンが期待できる
株式や海外資産など値動きが大きいものもあります。最適な資産配分は 1 人
ひとりのライフスタイルや保有している資産によって異なりますが、**期待リ
ターンの高いものだけを持つのではなく、特性の異なる様々な資産を組み合
わせ、リスクに対するリターンの最適化を行うことが重要**です（図表 4-4)。
　では、実際に株式に何割、債券に何割配分すればよいのでしょうか。一般
にリスクを取ることができ、長期でのリターンを最大化させたい人は成長重
視型とされる株式の配分が多い資産配分を選択します。反対にリタイア後の

人などリスクを取ることが難しく、収益よりも安全性を重視する方は安定重視型とされる債券など安定性の高い資産をメインに考えます。その中間がバランス型です。FP などプロにお願いをする場合は、それぞれのライフプランや保有している資産に応じてカスタムメイドをしてポートフォリオを作成することもあります（図表 4-5）。

　成長重視型、バランス型、安定重視型のどのポートフォリオにするかを決める際には、リスク許容度診断を行います。ここで言うリスクとはリターン

図表 4-5　カスタムメイドのポートフォリオ例

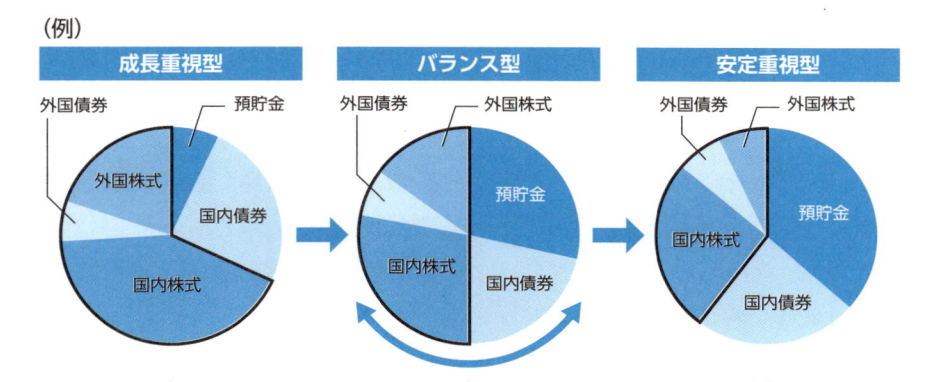

（例）

| 成長重視型 | バランス型 | 安定重視型 |

**収益性を期待して
リスク資産の割合を高く**
収益重視で大きな利益を目指す場合は、株式などリスクの高い金融商品の割合を高くします。リスクとリターンの関係から、金融商品のリスクも大きくなることを理解したうえで、組み合わせを考えましょう。

**安全性を重視しつつ、
多少はリスクをとって、
収益性にも期待したい**
リスクと収益のバランスをとって投資をする場合は、収益重視と安定重視の中間のバランス型ということになります。

**安定重視の場合は
リスク資産の割合を低く**
安定重視で、リスクをあまりとりたくない場合は、株式などリスクの高い金融商品の割合を低くします。この場合は、大きな利益は期待できないのが一般的です。

（出所）日本証券業協会「サクサクわかる！　資産運用と証券投資スタートブック（2024 年版）」p.27

のブレのことです。リターンがマイナスに振れてしまった場合、どれくらいまでならマイナスになっても受け入れることができるか、という度合いのことを「リスク許容度」と言います。

　リスク許容度を考える際には、年齢、家族構成、資産、年収、性格・経験などから診断をします。プロにお願いをする場合は、プロは顧客のデータを詳細にヒアリングします。自分で簡易な測定をする場合は、インターネットでシミュレーションサイトを活用することもできます。例えば、一般社団法人 全国銀行協会のホームページでも「あなたのリスク許容度診断テスト」ができます。

　大きなリスクは許容できないけれど、高いリターンを期待する方もいるでしょう。それには達成不可能な希望のために、目標を変更し、リスク許容度を高めるか、リターンの目標を下げるなどの工夫が必要です。リスクが低く高リターンを謳う商品はなんらかの問題があるか、リスクを見落としている可能性が高いため逆に注意することが必要です。金融商品に上手い話はなく、可能な限りシンプルなリスクリターンの特性となっているものを選ぶことが重要です。そのためにもリスクとリターンに対する肌感覚を身につけていくことが大きな失敗をしないための近道です。

　収益性を期待するなら、株式ポートフォリオなどリスク資産の割合を増やす必要があります。安定重視型の場合、債券が中心なので期待収益性は下がります。自分はどのポートフォリオを選べばよいのかを把握するには、自分自身をよく知る必要があります。資産状況、投資にかけることができる時間軸、想定されるリスク（常に損失が発生した場合を考えて、その時に自分は買い増すのか、逆に多少損が出てもさらに大きな損失を避けるために売却するのかなど、自分の行動パターン）などを十分に考えましょう。

　ただ、インフレで金利が上がっていく時に満期まで利息が固定され、現状では年率1％弱のリターンしか得られない国内債券を組み入れるのは合理的

なのかという問題もあります。また、せっかくの収益に対する非課税の恩恵というNISAのメリットも受けにくくなります。債券中心の投資信託はNISA以外の口座を使い、NISAではフルにリスクを取る株式中心の投資信託を保有するという考えもあります。

　もし、NISA枠がいっぱいになった場合、債券ファンドなどを売却して、NISAには株式ファンドだけを残し、株式はさらに積み立てるという考え方もあります。細かいハンドリングをしたい方の場合、複数の資産の投資信託が組み入れられているバランス型ファンドはNISAでは使い勝手が悪くなると考えられます。ただ、初心者や枠が十分にある方の場合、最初は一部バランス型ファンドを活用してもよいでしょう。

　例えば、5％までの損失にしか耐えられないという方は、株式や外貨建て資産はリスクが大きいので国内債券中心とすることも考えられます。反対に一時的であれば40％以上の損失にも耐えられるという方の場合、株式をメインにしたポートフォリオが考えられます。

資産配分を決める時に使うリスク（標準偏差）とは

　第3章でもリスクに関して様々な説明を行いましたが、ここでは主に資産配分の際に用いる各資産のリスクの考え方について説明します。一般的にリスクとは「危険」を意味しますが、資産配分を決定する際に用いる各資産のリスク（標準偏差）とは、1年間のリターンが「どれくらいブレそうか」ということになります。標準偏差は統計学上の指標の1つで、過去のデータから求められます。図表4-6では、「年間平均リターン±1標準偏差に収まる確率は68％」「年間平均リターン±2標準偏差に収まる確率は95％」と見ることができます。

　例えば、「日本株の期待リターンは5.6％、リスク（標準偏差）は約23％」

という場合、±1標準偏差での1年間のリターンは「約68%の確率で、プラス28.6%〜マイナス17.4%」と期待されます。言い換えると、1年間で資産が28.6%まで増える、もしくは17.4%減る可能性があると想定されるということです。つまり、2標準偏差まで考慮に入れると、プラス51.6%まで、マイナスは40.4%まで変動すると考えられるということです。つまりこの前提では日本株だけのポートフォリオの場合、1年間でマイナス40%程度まで損をする可能性も、それなりにあることになります。そのため他の資産にも分散投資をすることで、変動のブレを抑えて、短期的なダメージを小さくするのが資産配分の定石となっています。

　特に投資を始めたばかりの頃は元本の損失に敏感になりがちです。もちろ

図表 4-6　日本株の値動きのイメージ

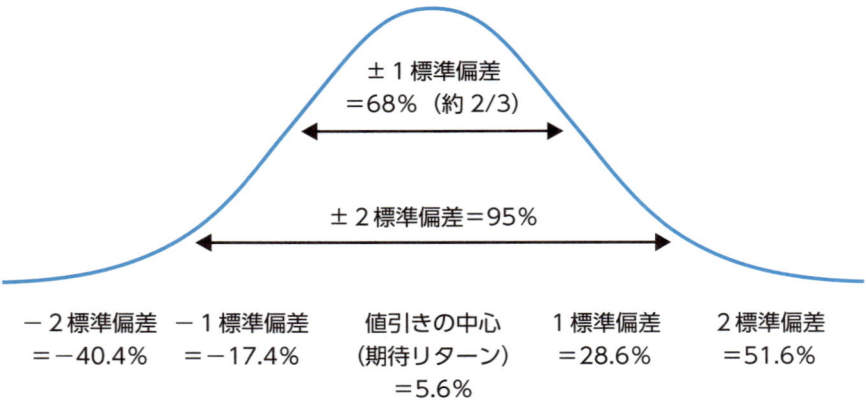

（注1）GPIF が2020年4月1日より適用した基本ポートフォリオを策定した際の日本株の期待リターンとリスク（標準偏差）をもとに作成。期待リターンは名目賃金上昇率を加えた名目値。
（注2）GPIF では、基本ポートフォリオの策定において、株式等が想定よりも下振れ確率が大きい場合（いわゆる「テールリスク」）もあることを考慮。
（出所）年金積立金管理運用独立行政法人（GPIF）「分散投資の意義②投資のリスクとは」（https://www.gpif.go.jp/gpif/diversification2.html）

ん取り返しのつかない損失を避けることは重要です。しかし、投資ではこの変動幅の大きさがリターンの源泉にもなります。短期的な変動に耐えることで、長期的なリターンを得ることができる可能性が高まります。つまり、過度に損失を恐れ、日々の損益に一喜一憂するのではなく、どっしりと構えて長期で資産運用を考えることが重要です。

　一度ポートフォリオを決めたら、その配分に沿って金融商品を当てはめて購入をする作業に入ります。例えば、成長重視型のポートフォリオで、日本債券 25％、日本株式 40％、外国債券 10％、外国株式 20％、預貯金 5％だとします。次の作業として、日本債券、日本株式、外国債券、外国株式に投資をする投資信託などをそれぞれ割合の分だけ購入していけばよいのです。

　機関投資家は月次・四半期・年次など様々なタイミングで資産配分の見直しを行い、リバランス（適切と考えられる資産配分に整えるための売買）を行います。ただ、個人投資家の方は、リバランスを機関投資家ほど頻繁に行うのは現実的ではないのでリバランスを行う目安は 1 年に一度程度でよいでしょう。

　例えば、1 年前に株式と債券の割合を 50％ずつで購入した A さんの場合、株式が好調で現在は資産全体のうち株式が占める割合が 60％、債券が 40％になったと仮定します。その場合、株式の一部を売却するか、債券を買い足して 50％ずつのバランスに戻すように心がけましょう。

　リバランスをすることで、割高な資産クラスの一部を減らす、あるいは割安な資産クラスを増やすことができるのでご自身の資産配分の調整を行うことができます。リバランスを行う時期は年末、3 月末などと決めておくと忘れにくいです。1 年に一度もできないという方は 3 年に一度でもよいので、とにかく放置して、知らず知らずのうちに過度なリスクを取っていることがないよう定期的に見直しをしましょう。

投資信託とは

　ポートフォリオを決めて具体的な金融商品を購入する際に、投資初心者は投資信託の活用が考えられます。

　投資信託とは、投資のプロが運用するパッケージ商品で、複数の株式など金融商品の詰め合わせのようなものです。投資信託の商品によっては、保有中に分配金（運用利益や元本から、投資家に資産の一部を払い戻すお金）というお金を受け取ることができる場合もあります。NISAでは分配金も非課税で受け取ることができます。投資信託はファンドの特性に応じて株式、債券、不動産、コモディティなど様々な金融商品が組み込まれています。収益性が高い商品から安全性を重視したものまで様々です。その内容は、目論見書や運用報告書で確認することができます。

　個別の株式に投資をする場合、投資をする最低単元が決まっており、1銘柄でも数十万円から数百万円必要な場合もあります。また、どの株式を買うべきかの銘柄選定や、その銘柄がいつ値上がりするのかのタイミングを見極めることはやや難しい面があります。そして何よりも、複数の銘柄に分散投資する場合の適切なリスク分散などは日々変化するものなので、一般の投資家が全て理解するのは困難と言えます。

　投資信託のメリットは、少額からプロが運用をする金融商品にアクセスができることです。また、資金は販売会社を経由して信託銀行が信託財産として分別管理をするので、安全な仕組みも利点の1つです。運用会社（委託者）は投資信託の運用方針を決めて、受託者である信託銀行などに証券の売買の指図を出します。取引価格となる基準価額は原則毎営業日公表されており、決算の際には監査も受けているので、透明性も高い商品です。また、運用会社は様々なリスク管理ツールを用いて運用内容を管理していますので、

通常は極端なリスクテイクによる巨額損失を避ける工夫ができています。

　投資信託を購入する際には、一括で買う方法のほかにも、積立投資という方法もあります。一般に1万円程度からですが、ネット証券の中には100円から投資信託が購入できる場合もあります。

　しかし、株式型の投資信託は預貯金のような元本保証はありません。換金性は比較的高い商品ですが、一般的な投資信託の場合、換金を申し込んでから口座にお金が戻るまでに4営業日程度かかりますので、日々出し入れするお金を預ける先ではありません。日常生活で用いる預貯金と違って、資産を積極的に増やしていくための手段です。

投資信託の選び方

　日本株の投資信託1つとっても、非常に多くの種類があります。その中からどのように投資信託を選べばよいのでしょうか。

　まずは、つみたて投資枠の対象となっている投資信託に注目をしましょう。対象商品は、手数料が低水準、頻繁に分配金が支払われないなど、「長期」「積立」「分散投資」に適した公募株式投資信託などに限定されます。成長投資枠でもつみたて投資枠の対象となっている投資信託を購入できます。

　投資信託を保有すると、保有期間中に日々のコスト（信託報酬）がかかります。そのために、手数料が低水準ということは長期で資産運用をする上で非常に重要な要素です。

　信託報酬とは、投資信託の運用や管理にかかる費用です。個別株式を自分で購入する場合、売買の判断や管理等を自分で行うために保有中のコストはかかりませんが、プロに運用をお願いするとコストを支払う必要があるのです。公表されている基準価額は、既に信託報酬が差し引かれており、追加で支払うわけではありません。

　信託報酬は、年率0.5未満から2％を超えるものまで投資信託によって様々です。ファンドマネージャーが同じ運用リターンを出した場合、保有中のコストが低い方が、顧客が得ることのできる収益は大きくなります。コストに差が出る理由の1つとして、運用手法の違いが挙げられます。例えば、株式運用にはインデックス運用とアクティブ運用があります。

　インデックス運用とは、日経平均株価やダウ平均株価などの市場全体の動きと連動する運用成果を目指す手法で、銘柄選定のプロセスが少なく機械的に運用できるため運用会社の報酬などは低水準となります。

　アクティブ運用は、今後上昇の期待できる銘柄を厳選し、運用成果を上げることを目指す運用手法です。情報の分析、意思決定、取引執行など人手を介したプロセスが多いことから信託報酬は高めです。また、収益を求めて売買を行うことから、インデックスファンドと比較すると売買頻度が高くなる傾向にあり、運用にかける手間も大きくなりがちです。

　資産形成のために株式を始めて組み入れる投資の初心者の方々は、まずは分かりやすいインデックスファンドから始めるのがよいでしょう。もちろん、ファンドに対する知識が深まりファンドや銘柄を選別してみたくなった場合には、アクティブファンドや個別株に投資してみるのもよいでしょう。まずはインデックスファンドの中から、日本債券、日本株式、外国債券、外国株式等を探す工程からスタートします。もちろん最初からポートフォリオが組まれているバランス型の投資信託を1本だけ選ぶ方法もあります。いずれにしても、まずは資産運用を始めてみて、利益を出したり損失を出したりしながらも資産運用に慣れていくということが大切です。

3 成長投資枠とつみたて投資枠の活用の仕方

　原則としてNISAは長期積み立て、複利効果を活かしたいので、できるだ

け売却しないで、含み益を貯めていくやり方が効果的です。したがって、長期的にはインフレヘッジ効果もあり、値上がりの期待できる内外の株式インデックスファンドなどを積み立てていくのが効果的でしょう。他方で、仮に短期的には値上がりが得られても、タイミングによっては売却などを行う可能性のある投資先（例えば、個別株式、テーマ型のアクティブファンド、業種指数連動型の投資信託、特定の国の株式市場に連動した投資信託など）は NISA を使った積み立てのメインにするべきではないと考えます。毎年の積み立て投資額が 120 万円以下の方はつみたて投資枠を使って着々と積み立てればよく、それを上回る積み立てをしたい人は成長投資枠も使って積み立てを行うこともできます。

　また、積み立てを行っている間、常に右肩上がりで株式市場が上昇するとは考えられません。NISA 以外にも余裕資金を持っている場合、株式市場が大きく下落した局面では、通常の積み立て額を超えて買いたい局面がくると思われます。その時には積極的に成長投資枠を活用するのがよいでしょう。繰り返しになりますが、誰もが熱狂している時ではなく、多くの人が悲観している時が最良の投資タイミングです。そういった時に使いたいのが成長投資枠ということになります。また、NISA の枠が埋まっていない人にとっては、成長投資枠の部分はその後売却を行う前提で使ってもよいでしょう。ただ、NISA では他の口座との損益通算ができません。そのことを意識し、損失を出す可能性が高いもの（例えば、いくら以上損が出たら売却するといったルールを設けて買入れる場合など）は成長投資枠であっても NISA は利用しない方がよいでしょう。

4　新 NISA 以外の資産と新 NISA のバランス

　資産形成を考えた場合、NISA、iDeCo などを単体で考えるのではなく、

保有している全ての資産全体で考えるべきです。つまり、NISA内で最適な資産構成にしようとか、NISAだけで儲けようとするのではなく、保有資産全体で最適な資産構成を考えて、長期的に資産形成をすることを考えていきます。その場合、NISAだけで見ると損失が出ていてもそれは特に問題ではありません。全ての金融口座や全ての資産でプラスが出る必要はなく、プラスのものもマイナスのものもあって全体として効果的な資産形成ができればよいのです。このような感覚に最初は少し違和感があるかもしれません。しかし、いつでも全ての投資対象で利益を出そうとすると、結果的には過度に損失を避ける資産構成になってしまいます。あるいは、儲かりそうなものだけに投資するようになってしまい、結果として過剰なリスクを取っている場合もあります。

　少なくとも、銀行預金、年金、不動産、その他の証券口座くらいは洗い出しを行い、それをざっくり利息配当重視の資産、値上がり益重視の資産に分けます。次にそれらの資産を流動性のある資産、流動性のない資産に分ける、さらにインフレヘッジ機能がある、インフレヘッジ機能がないといった具合に分けていくと、その資産の特徴が分かりやすくなります。

　例えば、銀行預金の場合、今の金利は低いですが、確定利回り重視、流動性は高い、インフレヘッジ機能はないという特徴があります。年金は、値上がりはないので確定利回り重視、受け取りまで解約などはないので流動性は低い、インフレヘッジ機能は緩やかなどの特徴があります。不動産は、株式は、といった具合で分類を行います。このように整理すると、自分が保有している資産が過度に安全性重視になっているとかリスクを取り過ぎているとかなど特性が明確に分かります（図表4-7）。

　最適な資産構成は、年齢、家族構成、収入などによって異なります。すぐにお金が必要になる可能性のない人や既に安全資産が十分ある場合にはNISAは株式などハイリスク商品だけでもよい場合もあります。反対に、数

図表 4-7　各金融資産の特徴

利息配当重視の資産	流動性	インフレヘッジ機能
預金	○	×
個人向け国債	○	△ ＊変動金利型はある
社債	△ ＊銘柄による	×
年金	×	△

値上がり益重視の資産	流動性	インフレヘッジ機能
株式	○	○
不動産	×	○
金	○	△

（出所）著者作成

　年内に資金ニーズがあり、流動性の高い安全資産がない人が株式中心の運用を行った場合、どうなるでしょうか。たまたま株価が値下がりした場合、資金計画の見直しを迫られることになるかもしれません。また、下落局面で今は売り時ではないと考えながらも損失を出しながら売却するということも考えられます。売却をしたのに NISA であるために損益通算をすることができないのは悲劇です。そういう方は、無理をして NISA で株を買うのではなく、預金や個人向け国債などで安全を確保し、バランスを重視することが必要です。

　つまり、万人にとって正しいやり方はなく、自分のニーズ、資産の特性、そして投資する際に何を通じて投資するのかを考えていくことが重要です。そうすると **NISA の特性は、長期積み立てに優れている** ということが分かり

ます。**複利効果を得たいので、なるべく売却せずに済む分を積み立てたい**ということになるでしょう。

多くの方は、ほとんどの資産を流動性の高い銀行預金に置いている場合が多いのではないでしょうか。そこで、生活資金や数年以内の大きな消費（住宅や車や学費など）の分は計画的に預金で準備することは必要です。また、老後に安定的な生活を送るために、年金が積み立てられており、これは物価連動部分もあるのでインフレヘッジ機能付きの債券と似た特性を持ちます。したがって、その残りの資金で投資をする NISA では、結果的に株式関連の比重が高くできる場合が多いと想定されます。

なお、本書の中では、日本人の資産構成は現預金に偏っているという問題意識から、インフレ期には株式などにも資産を配分することの重要性を強調しています。一方で、資産運用に慣れてくると、株式などの資産に配分し過ぎることも注意しなければなりません。成功体験が積み上がると、どうしてもそのウエイトが高くなり過ぎるわけです。人生にはいつ不測の事態が起こるとも限りません。私も株式投資信託や外貨への投資が大きく、現金をほとんど持たず、住宅ローンだけがあるという時期がありました。仕事をしていると、それでも給与で現金が回っていくので問題はないのですが、仕事を離れ、他の仕事を探す間、日々現金が減っていくというとても怖い経験をしたことがあります。投資を始める段階でそのようなことを心配するのは早いかもしれませんが、定期的に資産を管理し、自分がどのようなリスクを抱えているのか常にチェックすることが重要です。

その上で、自分の人生設計の中で、いつまでにどのような目標を達成しなければならないかを判断し、次に自分が今持っているものを洗い出すことで目標達成に向けて何が足りないのか、何をするべきなのかが明らかになっていきます。その結果、どのようなポートフォリオが考えられるのか、いくつかの例を用いて説明します。

2 年代別に見た資産形成の考え方

1 子育て前世帯（単身世帯、夫婦のみ世帯）は株式の割合を高くしてもよい

　若年層は早めに準備を始めることで、時間を味方につけて、長期投資の効果を得ることが期待できます。また、子育て前の単身世帯や夫婦のみの世帯は人生で貯金がしやすい時期です。扶養家族ができると途端に家計に余裕はなくなるので、この時期にできるだけ多くの割合を資産形成に向けたいものです。また、複利効果は時間が経つにつれて大きくなります。ここで、利益に対して非課税で運用できる NISA を活用すれば、長期で運用をする上で有利です。

　会計の世界で「72 の法則」というものがあります。預けた元本（元手）を利息によって 2 倍にするには、どれだけの年数がかかるのかを知ることができる計算式です。

　計算方法は簡単で、72 を金利（複利）で割れば 2 倍になるまでのおよその年数が分かります。例えば、年利（複利）7％の場合、

$$72 \div 7 = 10.3$$

　7％複利で運用すれば、約 10 年で元金と利息の合計が元金の 2 倍になるこ

とが分かります。5％複利の場合は 72 ÷ 5 ＝ 14.4 年で 2 倍になります。

　これは一括でお金を投入した場合なので、積み立ての場合はお金を投入した期間が各年でずれ、2 倍になるまでにもう少し時間がかかります。ただ、いずれにせよ若い頃から投資を始める方が期待されるリターンは大きくなります。

■**（具体例 1）30 代の A さん**
　・これから資産形成をしたい、投資初心者
　・女性、30 歳、独身、ひとり暮らし
　・職業：会社員
　・住んでいる地域：東京都
　・手取りの世帯月収：30 万円
　・毎月の支出の目安：25 万円程度
　・貯金：600 万円
　・賃貸

　現在 30 歳の A さんが 60 歳までの 30 年間、手取りの 20％に当たる毎月 6 万円を 7％複利で運用できた場合、合計 2160 万円投資した資金は約 7320 万円に増加します。貯蓄をし続けて、金利が仮に 0％なら貯めた資金は全く増加することなく 2160 万円のままです。長期で運用をすると、運用をしていない時と比べると、3.4 倍の差が出ます（図表 4-8）。

　A さんの場合、年齢が若く、単身で扶養家族もいないため、一般にリスクが許容できる属性です。A さんが、年齢が若く、未婚で、貯金や年収も一定以上あり、リスクに挑戦できる性格だとします。A さんのようなケースでは例えば、100％を全世界株式インデックスなどに積み立て投資をしてもよいでしょう。

図表 4-8　積立金額と運用成果

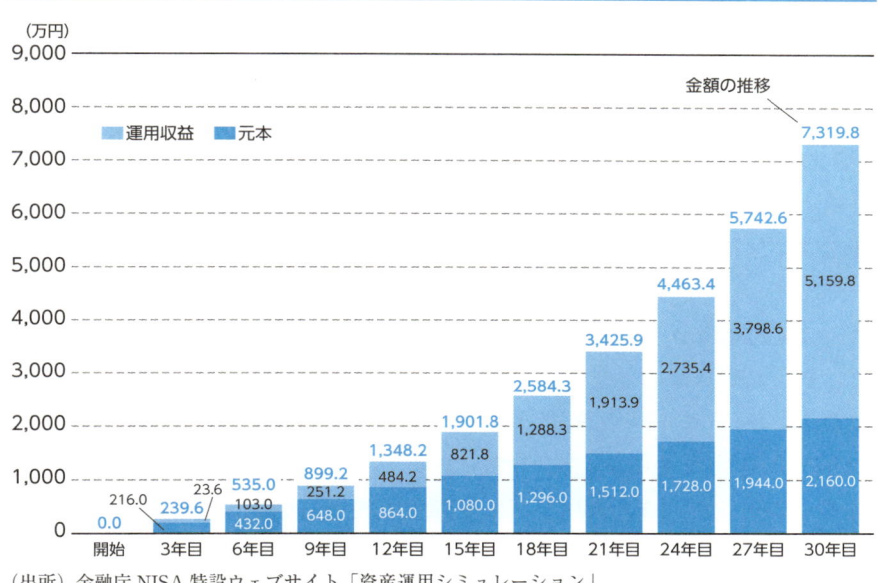

（出所）金融庁 NISA 特設ウェブサイト「資産運用シミュレーション」

　株式は一般に債券よりもリスクが高いですが、仮に株式市場が大きく下落して損失を被ったとしても、労働で得られる収入で損失をカバーできるからです。また、600 万円の貯金（A さんにとっては 2 年分の生活費）があるので、万一の際の医療費やライフプラン支出などにも備えることができます。このお金は投資とは分けて、余裕資金として銀行預金などで手元にプールしておけば、急な出費にも対応できますし、相場下落時に、通常の積み立てを超えた買入を行うなどの思い切った行動も可能です。

投資初心者にはインデックス投信がお勧め

　投資初心者の方が最初から個別企業の株を買おうとすると、どうしても調べるのに時間がかかってしまいます。その点、市場全体を買うインデックス投信は個別性がなく調べなければならない点が少ないので買入は容易です。例えば、全世界株式インデックスを選ぶ場合、「FTSE グローバル・オールキャップ・インデックス」から選ぶことが考えられます。こちらのインデックスは、先進国から新興国まで全世界の株式市場の動きを表している株価指数です。大型株から小型株まで約 9000 銘柄もの株式から構成されています。また、「MSCI オール・カントリー・ワールド・インデックス（MSCI ACWI)」も代表的なインデックスです。主として MSCI オール・カントリー・ワールド・インデックスに連動する投資成果を目指して運用を行い、対象インデックスに採用されている日本を含む先進国及び新興国の株式等への投資を行います。MSCI オール・カントリー・ワールド・インデックスより、FTSE グローバル・オールキャップ・インデックスの方が、対象銘柄が幅広く、小型株も含みます。証券会社のラインナップから探すと、こちらのインデックスに投資をしている投資信託や ETF を探すことができ、手数料、目論見書、運用報告書などの情報を見て判断をします。トラックレコードなどもありますが、インデックスファンドの場合にはほとんど関係ありません。

　また、ボーナスなどの臨時収入を得た場合、成長投資枠を活用して同じ投資信託をスポット購入することも考えられます。それによって、老後資産の計画にゆとりとバッファーを持たせることができます。扶養家族ができると収支が変わるため、扶養家族がない間に余裕資金を活用するとその後の資産形成が楽になります。

　よくある質問に、投資というのはある程度の貯金ができてから始めるべき

なのか、収入を得始めたらすぐに始めるべきなのかというものがあります。

　よくある資産形成のセオリーでは、最低2年分の生活費相当額はリスクを取った投資とは別に安全資産として確保しておくというものがあります。先ほど、自分自身の体験でも、投資信託などに投資し過ぎていて、収入がなくなった時に、預貯金が少な過ぎて苦労をした話をしました。海外だと、国によってはセーフティーネットが日本ほど手厚くないため、失業や病気、怪我などで一気に貧困に転落するリスクもあります。しかし日本では、会社員であれば様々なセーフティーネットがあるので、大学生や新入社員の方であっても投資を始めてみてもよいのではないでしょうか。

　私は投資をしている対象の換金性や安全性、その方の収入の安定性などによっては、2年分の生活費を貯める前にご自身の判断で投資を始めてもよいと思います。例えば、実家暮らしの方、会社の福利厚生が手厚い方などは不測の事態が起きてもそれほど困らない場合もあります。もちろん、当面のお金に困らない属性の方でもできれば、半年分の生活費を目処に手元に現金や預金などで置いておくと安心です。反対に起業をしている方や自営業の方の場合は不測の事態が起きた時のリスクが高いので、手元の資金を十分に（2年分など）置いておく方がよいと考えられます。

　一般的な投資信託の場合、換金を申し込んでから口座に資金が戻るまでに4営業日程度です。上場株式やETFの場合も、好きなタイミングで売買ができ、売却代金は受渡日（約定日を含めて3営業日目）から出金ができます。日々の資金繰りの部分までを株式などには投資しないのが原則ではありますが、いざという時は多くの金融商品が数日で現金化できます。しかし、株式や株式型投資信託の場合、普通預金と違って元本が増えたり減ったりの変動がありますので、資金繰りに困って売却することになると、最適なタイミングでは売却できなくなる可能性があることを常に意識しておく必要があります。

　例えば、日経平均株価のようなインデックスファンドに投資をしている場合も、経済ショックが起きれば一時的に４割程度など大きく下落する可能性もあります。海外の金融機関ではそれぞれの株価の担保価値を日々測定していますが、株の場合、時価の半分で担保価値をカウントしている場合もあります。自分の資産がどれだけあるかを考える際には、時価の半分は極端にしても株式など変動リスクの大きな資産は評価額よりも少なめに見込むようにしましょう。

　また、不測の事態があった時にどれくらいお金に困るのかを考えることも重要です。会社員の場合、病気や怪我で働けなくなったとしても「傷病手当金」（欠勤が連続して３日間を超えると、４日目から、１日につき給与の３分の２相当額が支給され、支給期間は通算で１年半）が出ます。医療費が高額になった場合も「高額療養費」で一定の金額を超えた分は払い戻しを受けることができます。日本の公的医療保険制度は優れており、怪我などをしても海外と比べるとそれほど高額な治療費にならない場合もあります。若い人は病気のリスクは比較的小さいので貯金がそれほどない場合でも、練習もかねて少額から積み立てを始めてみるのもよいでしょう。

　しかし、一般に投資を始めるには十分な資金的な余裕が必要で、ギリギリの状態で投資に頼った資金計画を立てることは危険です。生活費に使うお金や１年以内に使い道が決まっているお金は投資に使うべきではありません。**一か八かの投資はたいてい上手くいかない**ものです。**リスクのある投資は当面使う予定がない余裕資金で行うのが原則**です。また、ゆったりと構え、５年、10年、20年など中長期的に資産の成長を待てる時間軸で考えるように心がけましょう。心の平穏を保つことが投資を成功させる上ではとても重要です。急な価格変動があった場合にも夜ぐっすり眠れる範囲の余裕資金で投資を行うとよいと言えば、だいたい適正な投資額が分かるのではないでしょうか。

　私は何といっても、子育て前世代の人たちは、失敗しても取り返す時間が
あるのが強みだと考えています。この時期に失敗を恐れてはいけません。今
後の日本では、資産形成上、投資は欠かせない時代になると考えられます。
年配になって、相続などで大きな余裕資金ができてから、初めて投資を始め
ると、大きな損をした場合、それを取り返すことは難しく、経験がないこと
は大変不利になります。**若いうちに致命傷にならない程度の小さな損を、で
きるだけたくさんして、その時の経験を積み重ねていくことは将来必ず役に
立つ**と考えます。資産形成の本で損を出すことを勧めるのは違和感があるか
もしれませんが、小さな損や失敗はできるだけ早いうちに数多くすることが
将来の財産になります。

資産運用を始める際のポイント

・家計に余裕のある子育て前に投資を始める

・損をしても心にゆとりを持てる程度の額に留めることが重要

・若いうちの失敗は将来の財産になる

2　家計に余裕のない子育て世代は株式と債券のバランス型で守りの資産運用を心がける

　30 代、40 代の子育て世帯は子供の教育費の支払いで家計に余裕がないと
いう方も多いです。そうした家計は収入の 20％を投資に回せなくても、5％
でも 10％でもよいので毎月積み立てをしたり、ボーナスの一部を資産形成
に回したりする工夫が必要です。

　また、子供の教育費にゴールが見えてきた 50 代、60 代でセカンドライフ
が間近な世代は、債券の割合を増やしてリスクを徐々に抑え気味にして、守
りの資産運用を心がけるようにします。なぜなら、多くの方にとって、定年

が見えてくる年齢で、これからの収入増よりもこれまで蓄積してきた資産に頼ることになるからです。損失を出した場合にも、追加資金がないため取り返すのが難しくなっていきます。また、退職金や親の相続財産など大きなお金を受け取る機会も出てきます。リーマンショックの際には、退職金を全て投資信託につぎ込んで、元本が半分になってしまったという声も多く聞きました。先ほどもお伝えしましたが、大失敗を避けるためには、大きなお金を受け取る前に、資産運用のトレーニングをしておき、熟練度をあげておくことをお勧めします。

　もちろん債券も価格変動リスクはあります。しかし、満期までは固定の利息が見込めて、計画が立てやすいメリットがあります。ポートフォリオを作るのは、森を造るようなものだと言われることがあります。森づくりでは山にバランスよく木を植え、不要木を伐採し優良木に入れ替わることを繰り返します。1つひとつの木に手間をかけたり、肥料をやらなくても自然（土、光、CO_2）の力で時間と共に木は育ち、森も大きくなっていくわけです。資産運用でも常にバランスを心がけ、資産の増大を目指す攻めの株式と、インカムを期待する守りの債券のバランスを考えることで、森で土や光をバランスよく木に与えるのと同じように適切な管理が可能になります。株式の値上がりで資産に占める株式の比率が大きくなり過ぎた時には、過密になってしまった森の木を伐採するように利益を確定して適切なウエイトまで引き下げ、新たな土地を購入して苗木を植えるように債券を購入すれば、受け取る利息を増やすことも可能です。バランスを取りながらそれを繰り返していくことで、自分自身の森は大きく広がっていきます。年齢が若い20代、30代は株式中心でもよいですが、50代、60代は債券を加えることによって、期待リターンは落ちるものの、リスクを低減させることを考えていきます。一般に債券は景気後退期に金利が下がることで価格が上昇することによって株式との価格の相殺効果があるため資産全体のリスクを低下させ安定的なリターン

を得るのに有効だからです。また、コモディティなどのオルタナティブ投資は、期待リターンはそれほど高くない場合も、ポートフォリオに多様性をもたらし、ポートフォリオ全体のリスクを下げる効果があります。「金」などは配当もなく値上がり益しか期待できませんが、経済危機や地政学リスクが上昇する際には価格が上昇することもあります。守りのポートフォリオを作りたい方の場合、スイスの富裕層などが好む多様化したポートフォリオが参考になります。

リスクを取る割合の目安は「100 −自分の年齢」

積極投資から安定運用に変えるといっても、どの程度変えればよいのかという目安が必要です。「殖やすお金」つまり「攻めの投資」をどのような割合にするかについて「100 −自分の年齢」の法則というのがあります。投資の世界では「100 から自分の年齢を引いた数字を株式の割合（パーセント）にする」のが目安とよく言われています。

例えば、30 歳の方なら、株式の割合はポートフォリオの 70％を目安にします。60 歳の方なら、株式の割合は 40％にするということです。例えば、60 代でほとんどの資産を株式にしているという方は、それまで持っていた株を売却していって徐々に債券に替えていけばよいのです。反対に 30 代だけど、ほとんどの資産は普通預金という方の場合、NISA では株式投資を積極的に行い資産全体の株式の割合が 70％になるまでは新規での投資は株だけにしてもよいというように先ほどの目安を使います。

できる限り安全に保有するには、債券の場合も複数の銘柄が組み入れられた投資信託を保有し、個別債券のリスクを回避するのもよいでしょう。もちろん債券ファンドの場合でも値下がりリスクは避けられません。

> **リスク割合のポイント**
> ・資金的余裕のない子育て期間も少額でも良いので積み立てを継続する
> ・セカンドライフが近づくにつれ株式のウエイトを減らし債券への投資を増やす
> ・退職金や相続財産などによる一時的に増えた資産は慎重な投資が必要

■ **(具体例2) 50代のBさん**
・毎月の余ったお金で定年退職に備えたい
・男性、51歳、専業主婦の妻と子供2人（21歳、19歳）
・職業：会社員
・住んでいる地域：大阪府
・手取りの世帯月収：50万円
・毎月の支出の目安：45万円程度
・貯金：1000万円
・持ち家

　例えば、定年退職に備えたいBさん（51歳）の場合。Bさんの勤務先は定年が60歳で、その後は再雇用制度があります。再雇用後は収入が8割程度に下がるために、今から生活を整えて老後に備えたいと考えています。
　Bさんは子供が大学生1年生と3年生であと数年は大学資金にお金がかかります。住宅ローンにも終わりが見えてきて、子供の教育費がかかる時期もあと少しです。数年は毎月つみたて投資枠を活用して無理のない範囲で投資

をしたり、ボーナスを活用して成長投資枠で投資をしたりすることが考えられます。教育費や住宅ローンの支払いがなくなったらラストスパートで老後資金を作りたいと B さんは考えています。例えば、教育費などに年間 300 万円使っており、その大きな固定費がなくなれば、そのまま投資に回すこともできます。

　具体的な投資信託を選ぶ際には、あらかじめ「ポートフォリオ」が組まれて投資対象が分散されているバランス型投資信託を活用すれば簡単に分散投資ができます。これから資産運用を勉強していくので、まずはある程度安定した投資先に投資したいという場合には、バランス型も考えられるでしょう。

　バランス型も様々なものがあるので、商品説明をよく読む必要があります。バランス型に投資することで投資信託を何本も買わなくても、1 本で、国内・先進国・新興国の株式と債券、不動産等様々な資産に 1 本で投資でき、銘柄や資産ごとのファンドを選ぶ手間を省くことができます。

　NISA の枠はフルに株式だけのファンドを活用させたいという方の場合、バランスファンドを利用せず、全世界株式インデックスを NISA 口座に、債券部分は一般の証券口座を活用させる方法などもあります。債券は個別で選ぶのは難しいので、個人向け国債や米国債を選んでもよいですし、債券もインデックス型のファンドを選択してもよいでしょう。例えば、外国債券に投資する場合、「FTSE 世界国債インデックス（除く日本）」に連動するグローバル国債インデックスの ETF などもあります。

■ **（具体例 3）40 代の C さん**
　・教育費の支払いで毎月カツカツ　大学費用と老後資産を形成したい
　・男性、43 歳、専業主婦の妻と子供 3 人（13 歳、11 歳、9 歳）
　・職業：会社員
　・住んでいる地域：東京都

・手取りの世帯月収：60万円

・毎月の支出の目安：55万円程度

・貯金：500万円

・持ち家

　子供3人を子育て中のCさんは全く家計に余裕がありません。3人の子供の大学費用を作りたい、その後の老後資産を形成したいと考えています。しかし、毎月余ったら貯めるという方法ではなかなか思うようにお金が貯まりません。子供の習い事などの臨時支出も多いので、子育て前に貯めていた貯金を維持するのが精一杯です。

　Cさんのような家計は、まずは家計収支の見直しから始める必要があります。一番工夫すべきことは収入を増やす努力をすることです。少額でもよいので、副業を考える、専業主婦の妻が働くなども検討されます。子供が自立して、子育ての物理的な負担が軽減される小学校高学年頃から徐々に仕事に復職をすると、家計が大幅に改善されます。人生100年時代で子育てを終えた後の夫婦だけの時間がものすごく長いことを考えると、お互いに自由に使えるお金がある方が家計にも精神的にも余裕が生まれます。まずはパートで月数万円でもよいので稼ぐ努力をするようにしてもよいでしょう。

　もちろん現状のままで、資産運用は毎月絶対に達成できる少額から積み立てを開始することも考えられます。月1万円から、定期預金の自動積み立てでもよいので、お金が足りなくなって解約しなくてもよい金額からスタートさせましょう。収入が増え、家計に余裕ができたら、積立額を徐々に増やし、株式を組み入れた投資を検討するとよいでしょう。現段階では本格的な資産形成を行うのは難しいと考えられますが、まずは、資産形成を計画的に行う習慣を身につけ、その後に老後の資産形成を本格的にスタートさせるための準備を始めるとよいでしょう。

<table>
<tr><td>3</td><td>リタイア世代はリスクを最小限にしつつ、
インフレに負けない運用を心がけて</td></tr>
</table>

3 リタイア世代はリスクを最小限にしつつ、インフレに負けない運用を心がけて

　既にリタイアをして労働からの収入がない世帯は、資産運用は守りを心がけて、インフレに負けない程度に運用をするものの、資産を減らさないように注意しましょう。場合によっては無理して運用益を確保する前に家計の見直しも必要になります。

■ **（具体例 4）70 代の D さん**
　・リタイアをして貯蓄が底を突かないか心配
　・男性 70 歳、妻と 2 人暮らし
　・職業：無職
　・住んでいる地域：東京都
　・手取りの世帯月収：25 万円
　・毎月の支出の目安：35 万円程度
　・貯金：2000 万円
　・持ち家

　D さん夫婦はリタイアをして 2 人で生活をしています。65 歳で定年退職をし、退職金とそれまで貯めた資産があり、現在の貯蓄は 2000 万円です。毎月 10 万円、年間 120 万円程度赤字になっているので貯蓄が底を突かないか D さんは心配しています。

　D さんが現状のままの支出を続けると、2%で運用した場合も資産は 90 歳で底を突きます（図表 4-9、ここではインフレを考慮していません）。

　それではどうやって改善をすればよいのでしょうか。支出を抑える、資産運用のリターンを上げる、その両方が考えられます。一番確実な方法は支出

を抑えて（あるいは収入を増やして）家計の赤字を減らすことです。赤字を月7万円に減らせば、運用リターンはそのままでも102歳までお金が底を突きません（図表4-10）。

　生命保険の見直し、通信費や光熱費の見直し、自動車維持費の見直し等をすれば月3万円程度浮かせることができる場合もあります。専門家に相談をしたり、子供や孫に聞いてみるなどをしてもよいかもしれません。また逆転の発想で収入を増やすため夫婦で週1回ずつでもよいのでアルバイトをするのも1つの方法でしょう。実際には老後の生活費もインフレの場合、上昇しますが、年齢を重ねることによって支出が減るという効果もあります。計算が複雑になるので、ここでは支出額はそのままという前提を取りました。

　目標リターン2%であれば、国内株式30%国内債券70%の期待リターン

図表4-9　現在の収支から資産の寿命をシミュレーションする

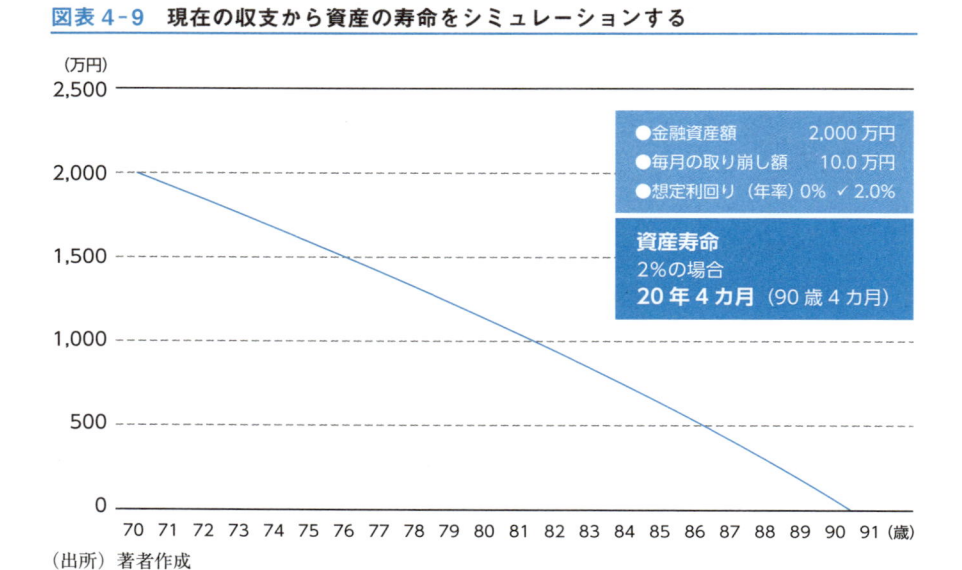

（万円）

- ●金融資産額　　　2,000万円
- ●毎月の取り崩し額　10.0万円
- ●想定利回り（年率）0% ✓ 2.0%

資産寿命
2%の場合
20年4カ月（90歳4カ月）

（出所）著者作成

2％で達成できます（※）。債券は個人向け国債（変動金利10年）にし、無理に為替リスクもある外国債券などを加えなくてもよいでしょう。変動金利型の個人向け国債の場合、十分とは言えませんがある程度はインフレにも対応できる金融商品です。もちろん、70代になっても頻繁に海外旅行に行かれる方（米ドル等を利用する機会がある）などであれば、米国債など海外資産で運用をするのも1つの方法です。

（※）国内株式の期待リターンは5.6％でGPIFが使用している数字

　　　https://www.gpif.go.jp/gpif/diversification2.html

　　　国内債券のリターンは個人向け国債変動金利型（第168回）の利率0.47％で計算

　　　https://www.mof.go.jp/jgbs/individual/kojinmuke/main/issue/hendou10/No_168.html

図表 4-10　収支見直し後の資産寿命のシミュレーション

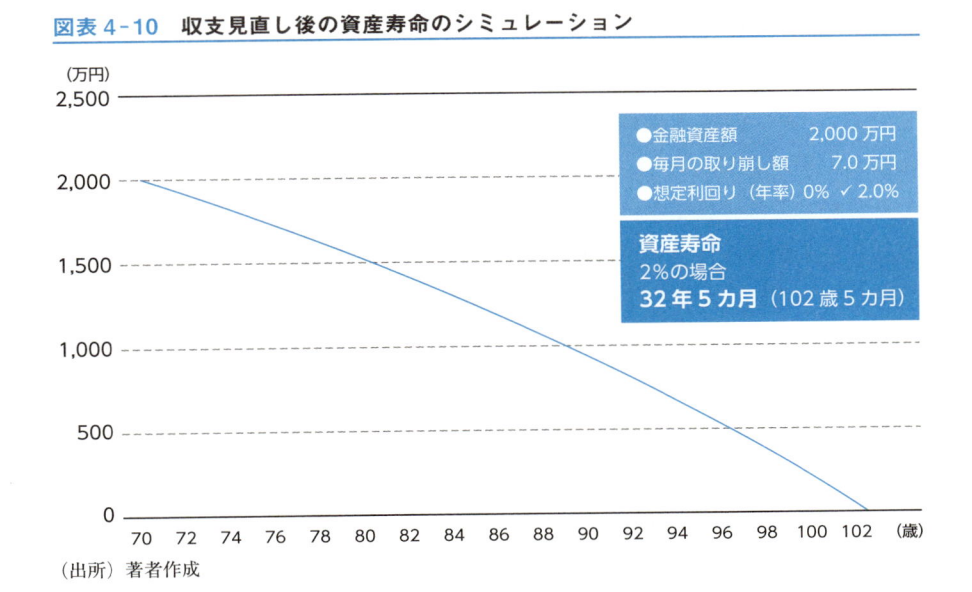

（出所）著者作成

3 リタイヤに向けた準備
～新しい FIRE の発想法

1 リタイアメントプランニングに対する考え方

　かつて、「老後2000万円が必要」とメディアで話題になったことがありますが、日本では少子高齢化や債務の増加から将来の年金は今よりも条件が悪くなる可能性があります。「財政検証」（将来の公的年金の財政見通し）が5年に一度実施されていますが、様々な要因によって、将来の年金額は変動しかねません。2019年の所得代替率（年金を受け取り始める時点における年金額が現役時代の手取り収入額と比べてどれくらいの割合かを示すもの）は61.7％ですが、2046年には51.9％にまで低下するという予測もあります（財政検証　2019年度）。

　ですが、これは日本だけではありません。他国では現時点でも現役時代の半分も年金がもらえない国はたくさんあります。年金はもらえなくなるわけではなく、支払った額以上には戻ってきます。しかし、現在ほどは恵まれていないかもしれないという覚悟を持ち、年金に頼り過ぎない資産形成が必要です。

　また、インフレが進めば老後資金は現金で2000万円を置いておくだけでは足りなくなると考えられます。インフレの中、一番ダメージを被るのがインフレに伴って増加する可能性の高い賃金を得ていない年金生活者だからです。

　給与所得者の場合、物価上昇は、タイムラグはあっても、賃金にある程度反映されると考えられます。年金は物価や賃金の変動率のほかに、マクロ経済スライドによる調整が行われています。物価が上がっても、実質賃金が下がれば、物価上昇に見合うほどには年金額は増加しない場合もあるわけです。

　インフレの影響をもう一度振り返っておきましょう。毎年3％ずつ物価が上昇した場合、現在100円の物は、5年間で約116円まで上がります。5年後の現金100円の実質的な価値は、現在の約84円（100 ÷ 116 × 100）まで目減りすることになります。

　物価がこのまま20年間、毎年3％ずつ上昇した場合はどうなるでしょうか。100円の物の値段は約180円となり、現金の100円の実質的価値は、約55

図表 4-11　インフレ率別・元本100万円の20年後の価値

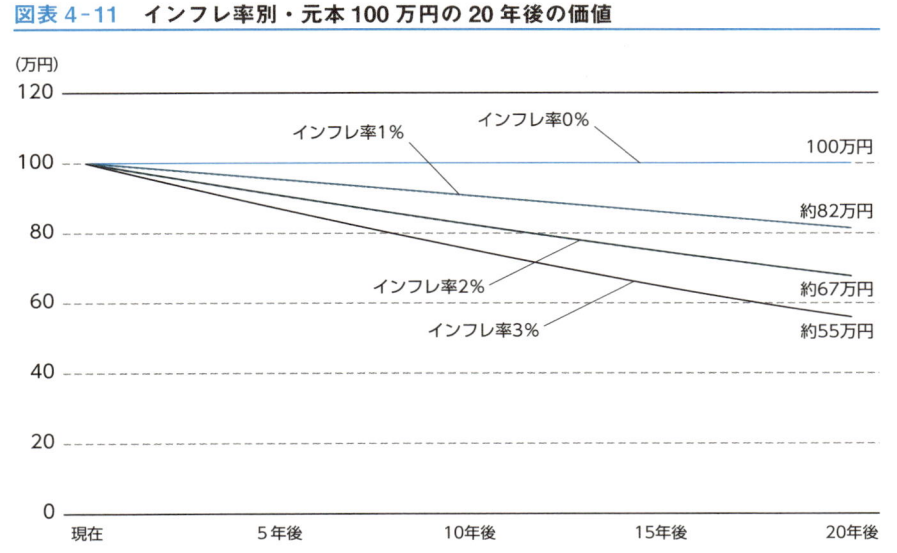

（出所）野村アセットマネジメント「お金を育てる研究所」（https://www.nomura-am.co.jp/sodateru/start/why_invest/02_inflation.html）

円まで目減りします。40年後は、物の値段は約326円まで上昇し、現金の価値は約30円まで目減りする計算です。つまり、頑張って老後資金2000万円を貯めたとしても、20年後の実質的な価値は約1100万円、40年後の価値は約600万円ということになります（図表4-11）。

　私たちはどうすればインフレ時代に老後のために蓄えてきたお金の価値を守ることができるのでしょうか。現在の資産を守るためには資産運用をして、インフレ率以上のリターンを目指す必要があります。

　例えば、現役時代は7％というインフレに負けないリターンを目指すなどです。インフレ率が3％なら、7％リターンで、実質リターンは4％です。7％リターンを実現させるには、預金や債券だけでは不十分でどうしても株式などをポートフォリオに入れて運用をする必要があります。また、運用益が非課税になればリターンが削られません。NISAやiDeCoなどの非課税制度を積極的に活用したいところです。

　なぜなら、約20％税金を取られると、7％のリターンが単純計算で5.6％に削られるので、3％のインフレを考慮すると、実質リターンは4％から2.6％に低下します。また、税引き後で7％を達成しようとすると、8.75％というさらに高いリターンを目指す必要が出てくるため、さらにハイリスクの運用が必要になってしまいます。限度額があるとはいうものの、現在のNISAやiDeCoは年金だけでは不足する部分を平均的に見て、自助努力でいくら積み上げる必要があるかという観点からよく考えられている制度です。利用できる範囲で積極的に活用したいものです。

２ 現役時代のお金の積み立て方

　現役時代のお金の積み立て方と老後の取り崩しの最も基本的な考え方としては、20歳から60歳までの40年間を勤労期間、その後の20年を老後とし

て考えます。勤労期間の収入の20％を積み立てると、生活費として使えるのは収入の80％です。

　例えば、手取り月収が50万円の場合、20％の10万円を積み立て、80％の月40万円で生活をするとします。1年間で3カ月分の生活費の120万円が貯められる計算です。40年間で全く運用をしない場合でも、120カ月分の生活費、つまり、10年分の生活費の4800万円を貯めることができます。その後20年間、取り崩しながら生活していくと、毎月20万円で生活するということになります。つまり老後は勤労期間ほどアクティブではないので、生活費も少なくて済むという考え方です。これがインフレや資産運用を考えず資産形成だけを考えた場合のベースとなる考え方です。

図表 4-12　収入の一定割合を積み立てる

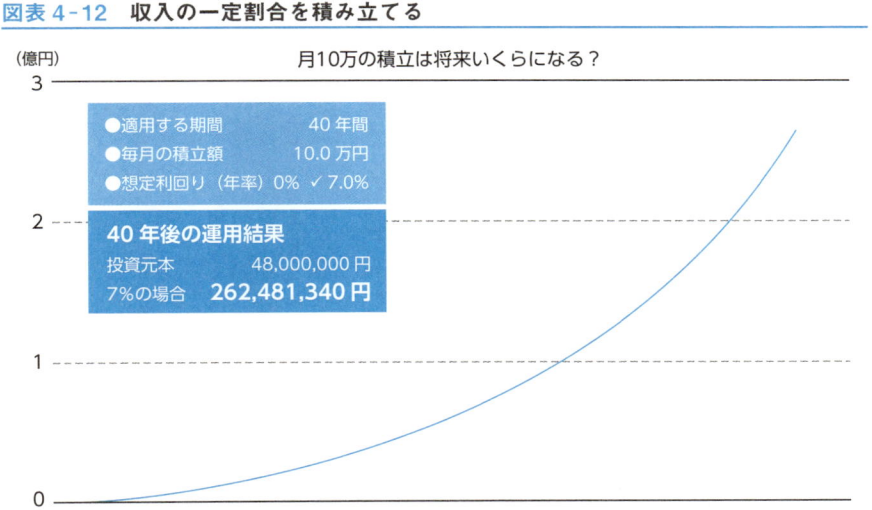

（出所）大和アセットマネジメント「人生100年時代シミュレーション」（https://www.daiwa-am.co.jp/special/100years/simulation.html）

　これを7％複利で運用した場合、どうなるでしょうか（図表4-12）。なんと、元本は約2億6248万円になります。しかし、40年後は3％のインフレが続いていたとすると、生活費が約226％上昇し、お金の価値は現在の約30％に目減りします。約2億6248万円の30％なので現在の価値で言うと約7874万円です。これを先ほどの計算に置き換えると、7874万円÷240カ月＝1月約32万円となり、現役時代の8割程度のお金を使っても大丈夫ということになります。こうなるとずいぶん老後の生活にも余裕が出てくるわけです。

　ここでは、税金は考慮に入れていませんが、NISAでは運用益が大きくなる可能性の高い投資対象を組み入れるようにするのが効果的なのは明らかです。想定される運用益が小さい債券や預金などはNISA以外の口座で管理をするなど、金融口座の特徴を考慮して、非課税口座のメリットを最大限受けられるように分別して管理します。

　もちろん、老後もインフレに負けないためには、インフレに合わせたリターンは必要です。つまり現役時代に積み立てる際の7％のリターンはいりませんが、インフレ率に相当する3％のリターンは必要となります。もちろん3％のインフレが続くのであれば、国債などの利回りも物価相当の3％程度になっているのが原則です。それまでに蓄えた資産運用に関する知識を活用して、できるだけ安全で利回りの高い商品を探していくことになります。

　70歳まで働く場合、勤労期間が50年なので、老後が25年になります。つまり、勤労期間の半分の期間が老後の期間となります。平均余命が伸びれば、必要となる勤労期間も伸び、公的年金や自分で形成した老後資金を受け取る年齢も引き上げられるのはある意味当然と言えます。

　老齢年金は原則、65歳から受け取れますが、受け取りを遅らせてもいい方は66歳以降、最大75歳まで1カ月単位で繰り下げることができます。「繰下げ」をすると、1カ月あたり0.7％年金額が増額されます。2022（令和

4）年4月以降に70歳を迎える方からは、繰下げ受給による年金開始時期の選択肢が70歳から75歳までに拡大されました。例えば、65歳から年額60万円（月額5万円）の老齢基礎年金を受け取れる方が70歳0カ月へ繰下げすると、増額率は42.0％で、年金額は85.2万円（月額7.1万円）です。つまり年金の受け取りを遅らせることは、かなり効果的な資産運用であると言えるでしょう。

　また実は、最大のインフレヘッジは何といっても継続的な収入を得ることです。つまり、細々とでも仕事をして、インフレに連動した賃金を得ることができれば安心です。日本は人口減少でこれ以上労働参加率の上昇は期待できないので、労働力は構造的に不足すると考えられます。インフレと賃金の関係は短期的に賃金の上昇が遅れたとしても、長期的には賃金上昇率は物価と連動するのではないでしょうか。

3 リタイア後も運用しながらお金を取り崩す

　リタイア後も運用をしながら取り崩せば、お金の寿命を延ばすことができます。インフレ率が3％であれば、3％以上のリターンを出せばお金の目減りを阻止することができます（図表4-13）。

　先ほどの7874万円を3％で運用すると、運用からの収益が約236万円出ます。ここから年360万円を取り崩すと、元本は約7750万円に減ります。このペースで取り崩しを続けると96歳になると蓄えが底を突きます。

　しかし、取り崩しを定率の4％に維持することによって、お金が減るスピードを抑制できます。例えば、60歳で金融資産7874万円、運用利回り3％で、毎年4％ずつ取り崩す場合、40年後の100歳になってもお金は底を突きません（図表4-14）。7874万円の4％は約315万円なので、1年目は先ほどの定額と比べると45万円の差です。この分を節約するか、公的年金や

労働など他の収入で補うことができると老後計画も立てやすくなるでしょう。実際には老後の生活費もインフレの影響を受けると仮定すると、上昇しますが、年齢を重ねることによって支出が減るのが普通です。計算が複雑になるので、ここでは支出額は定額、もしくは定率という前提で説明しています。

図表 4-13　運用しながら資産を取崩す

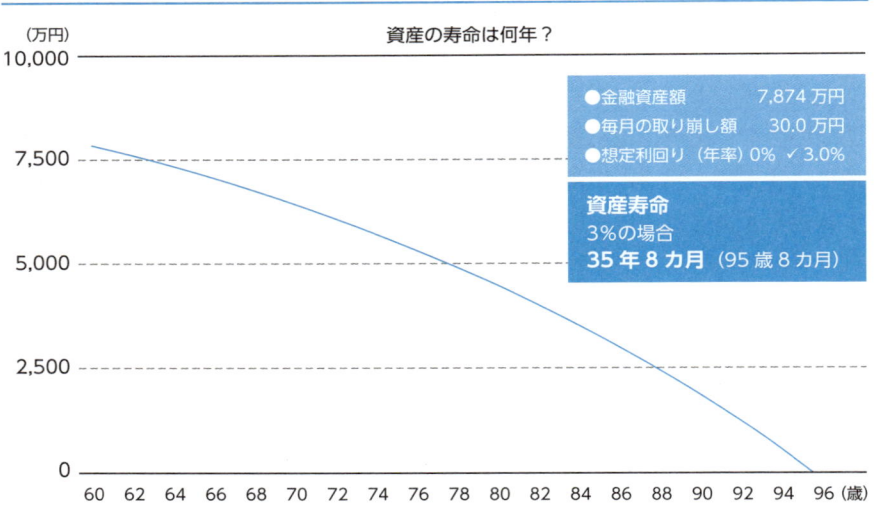

（万円）　資産の寿命は何年？

- 金融資産額　　　　　　7,874万円
- 毎月の取り崩し額　　　30.0万円
- 想定利回り（年率）0%　✓3.0%

資産寿命
3%の場合
35年8カ月（95歳8カ月）

（出所）大和アセットマネジメント「人生100年時代シミュレーション」

図表 4-14　「額」ではなく「率」で取り崩し額を決定する

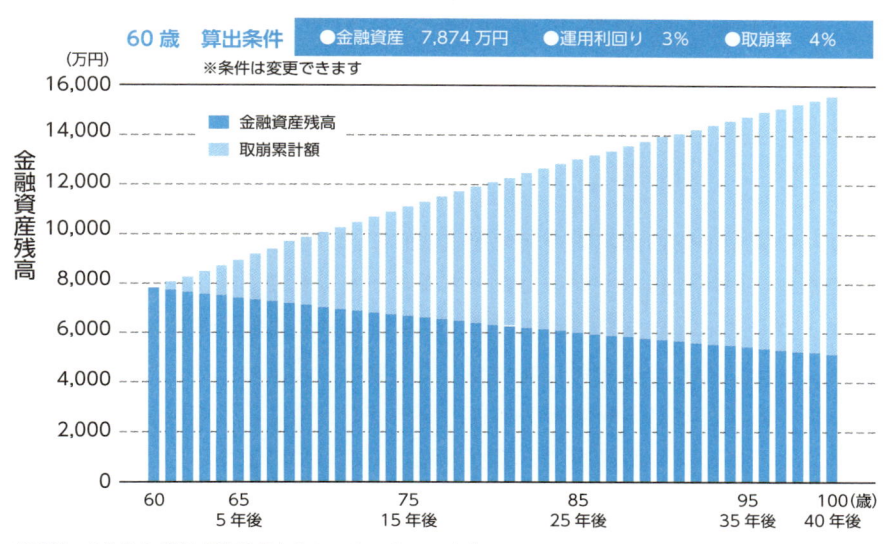

（出所）三井住友銀行「資産寿命シミュレーション」（https://www.smbc.co.jp/kojin/special/lifetime/
simulation/simulation.html）

4 ｜ リタイアをする上で重要なポイント

　全体のまとめとして、リタイアをする上でキーとなる係数は次の4つです。元本の額（1. 元手）、取り崩す割合（2. 生活費、3. 収入）、運用リターン（4. 運用）です。定年までにできるだけ多くの元本を確保し、取り崩す割合を定率にする、運用リターンを無理のない範囲で維持することが重要です。その際に非課税の恩恵を受けられると手取りが増えるのでNISAを活用するべきと、繰り返し述べてきました。できれば100歳まで資産残高が底を突くことなく、それまでに蓄えた資金を無理なく取り崩していけるプランを立てたいところです。

4 運用をしながら、老後資産を取り崩す方法

　多くの資産形成に関する書籍や保険などの設計書などでは運用利回りが一定であり、単純に積み上がった資金を取り崩す計算になっています。本書ではインフレ率3%と一応の前提を置いて話をしましたが、実際にはどの程度のインフレがあるかは分かりません。ここ数年で見ても、国内で日常生活を送っている時に感じる物価の上昇と、海外旅行を楽しみに老後資金を貯めてきた人とではインフレに対する感覚も大きく違っています。つまり統計で見たインフレ率はありますが、個々人にとってのインフレ率は消費のスタイルによって異なるわけです。

　さらに人の寿命は皆分かりません。インフレがない時代には仕事を辞める時点で100歳まで生活していける資産があれば十分であったかもしれません。ですが、インフレの時代にはいくらあれば十分かはよく分からなくなります。そして長生きすることによる資産リスクはどんどん大きくなるわけです。このような世界では、一定程度インフレヘッジ機能を持つ資産に投資しながら、徐々に切り崩すことがどうしても必要となります。

　ただ、その場合も一定のリターンを得るというのは難しく、逆に一定のリターンが得られる商品ではインフレヘッジは難しいため、どうしても価格変動リスクが伴います。その場合、取り崩し開始当初に資産が値上がりした後に値下がり局面が来るのと、初期に値下がりしてその後回復するのとでは、資産に対するインパクトが大きく異なることになります。少し極端な例になりますが、シミュレーションを見ながら考えてみましょう。

　まず、70 歳の時点で 7200 万円の資産があり、毎年年金以外に 240 万円を使いながら比較的余裕のある生活を計画していたとしましょう。その方の資産はインフレ率が 0％であれば、100 歳までなくなりませんが、インフレ率が 2％だと 93 歳の時にはゼロに、5％だと 88 歳、7％だと 86 歳の時には底を突きます。そのため、資産運用をし続ける必要があるのですが、インフレ率が一定で、例えば 2％であれば、それに対応する商品は値下がりリスクを考えなくてもありそうです。例えば、5 年間で使うお金だけを手元に置いておいて、残りは満期が 5 年以上の社債などに投資をするケースなどが考えられます。しかし、実際には 2％と思っていたインフレ率が 5％、7％になることがあります。そうなると、5 年以上満期で固定した社債を持っていると大変です。結局インフレが 5％になった場合は 91 歳、7％になった場合は 88 歳で底を突くことになります。また、社債の場合、利息が固定されているので下手に動かすことができません。その時の社債の利回りが 5％になっていても、2％の利回りで買入れて保有している社債を、損失を出して売却しない限り、新たな投資ができないわけです。インフレリスクのない世界では少しでも利回りの高い商品を探して投資をすればよかったわけです。しかし、インフレがある世界では一定の金利で長期間固定するのは危険であるためどうしてもインフレヘッジ機能がある金融商品に投資をすることが必要になります。

　では、ここで株式に 3 分の 1 を投資していたとしましょう。株式の期待リターンは通常もっと高いですがインフレ率 ＋ 2％とします。そうすることでインフレ率が 2％であれば、100 歳でも 1500 万円が残っていますし、インフレ率 5％でも 95 歳まで資産は底を突きません。通常のケースですと、5 〜7％の高インフレが 30 年以上も続くことはないでしょうから、極端に株式に投資を振り向けなくても、ある程度の割合をキープしていればよいことが分かります（図表 4 - 15）。

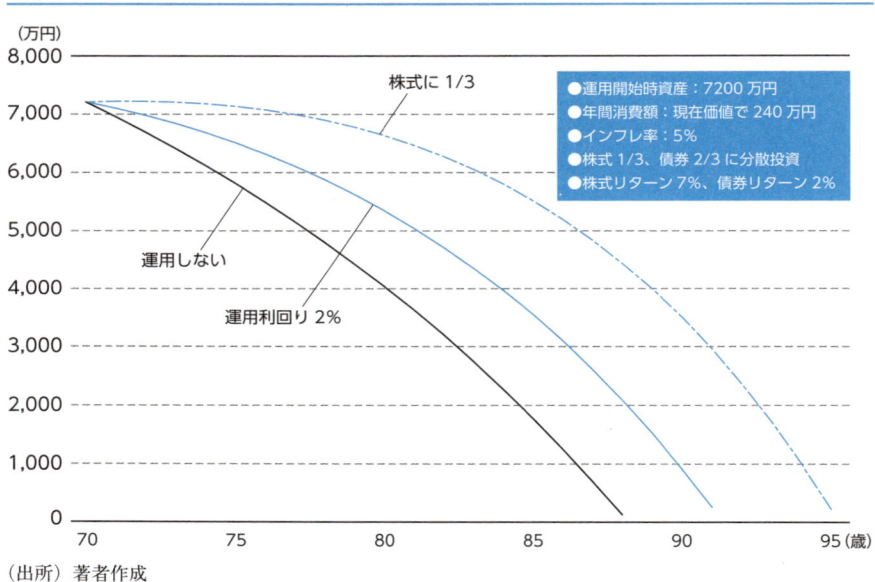

図表 4-15　**資産運用を行うことで資産寿命を延ばすことができる**

（万円）

- 運用開始時資産：7200 万円
- 年間消費額：現在価値で 240 万円
- インフレ率：5%
- 株式 1/3、債券 2/3 に分散投資
- 株式リターン 7%、債券リターン 2%

株式に 1/3

運用しない

運用利回り 2%

（出所）著者作成

　つまり、仕事をしていて収入を得ながら資産形成をしている時には積極運用を行い、仕事を辞めて収入がなくなってからは、保守的な運用をすることが基本で無理のないやり方なのです。しかし、インフレの時代なので、資産の取り崩しを開始しても、一定程度は株式関連資産を保有していることが求められます。ただ、極端なリスクを取る必要があるわけではありません。

5　老後のお金をインフレから守る方法

　このように、インフレが常態化する世界では、株式などインフレヘッジ機能がある資産をある程度保有し続けることが必要となりますが、それでも株式投資のリスクはしっかりと考えて投資を行うことが必要です。

　まず株式には価格の下落リスクがあることを意識することが必要です。特に若い頃のように損失を被っても長期で取り返すということが難しくなる、老後の資産取り崩し局面では重要です。

　やや極端ですが、初年度に50％下落した場合を見てみましょう（図表4-16）。その後は先ほど想定した通りのリターン（債券2％、株式7％［インフレ率5％＋2％］）が出た場合、インフレ率5％だと91歳で資産が底を突きます。ただ、それでもインフレ下では運用を全く行わない場合よりは資産が長持ちするということです。ましてや下落分を少しずつ多めに取り返していくケースなどでは社債などで多少利回りを積み増した場合との比較でも株式に投資を全くしない場合よりも資産が長持ちすることになります。また、取り崩しが始まって10年後に50％の下落があったとしても、同様の条件では92歳まで資産が持つことになります。このように早い段階で損失を被るとダメージが大きく、80歳90歳になり資産をだいぶ使ってからであれば相場の下落があっても影響はやや軽微になります。年齢に応じて確実に株式の比率を下げていくことさえ行っていれば、やはり株式を保有するインフレヘッジ効果は大きいと言えるでしょう。

　また、何といっても**最大のインフレヘッジは収入を得続けること**です。賃

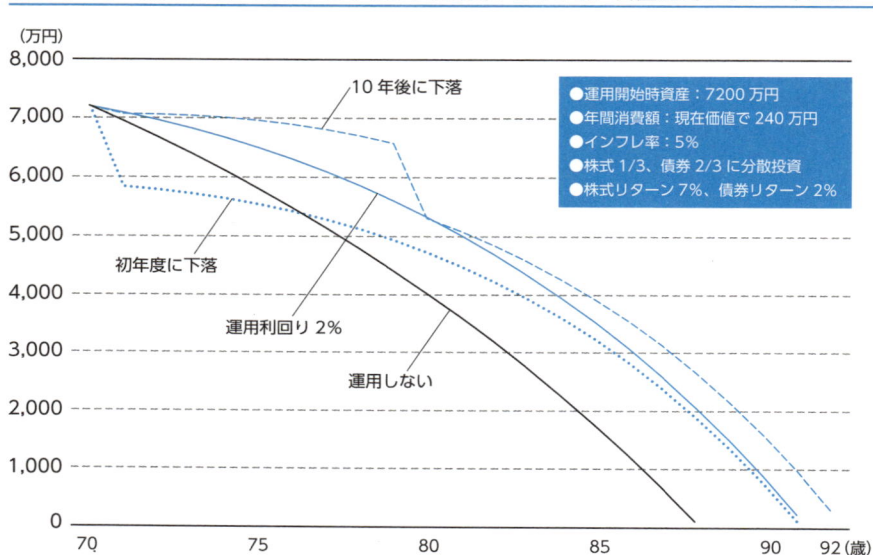

図表 4-16　株式市場が 50%下落するような局面があっても、資産運用しないよりはよい

（万円）

- ●運用開始時資産：7200 万円
- ●年間消費額：現在価値で 240 万円
- ●インフレ率：5%
- ●株式 1/3、債券 2/3 に分散投資
- ●株式リターン 7%、債券リターン 2%

10 年後に下落

初年度に下落

運用利回り 2%

運用しない

（出所）著者作成

金の伸びは短期的には物価上昇を下回ることはあっても長期的には物価上昇並みには上昇すると考えられます。健康な間はできるだけ長く働き、新たな資産形成を行うほどではなくても、**少額でも生活費の一部を補える程度の収入があると、それがインフレヘッジ機能を果たす**ことを忘れてはなりません。

おわりに

　今回、世界標準から見た日本の資産運用というテーマで本を上梓し、これまでの日本の3つの特殊性を改めて感じました。

　第1に、デフレを挙げることができるでしょう。海外で生活していると、公共料金も含めて、物の値段が毎年上がっていくのは当たり前です。しかし、日本では物の値段が変わらない、あるいは下がっていたり、サービスによっては無償化されたりしているものもあります。そのため、様々な資産形成に関する考え方も、基本的には物価が上昇する可能性をほとんど考慮していないということです。

　第2に、年金制度が非常に充実しているということです。老後2000万円問題などが話題になりましたが、日本では倹しく生活をしていれば、なんとか生活してこられました。海外では自助努力なしに年金だけで生活ができる国は稀です。このような制度が、世界一の長寿国で、これまで続けられてきたこと自体が、世界的に見れば特殊で驚きだと感じます。

　第3に、30年間以上高値を超えなかった株式市場と、超低金利で利息収入がないという特殊な金融環境です。これでは、どれだけ資産運用が重要と言っても、タンス預金の方がマシという考えになってしまって当然です。

　しかし、この3つの特殊性はここに来て大きく変化し、日本も普通の国になっていくと考えられます。生産年齢人口が急速に減少していくことで、サービス価格には常に上昇圧力が働くでしょう。年金も受給者とそれを負担する人の人口比を考えると、現在と同じように、国の制度に頼り切ったやり方が持続可能でないことは明らかです。資本市場も遂に日本株は史上最高値を上回り、過去のどの時点で投資した人でも、今まで保持し続けていればなんとかプラスを確保できるようになりました。金利も低水準ですが今後は多

少なりとも上昇しそうです。

　そのような前提の変化を考えた時、これまでの資産形成に関する考え方は、根本から見直す必要があります。従来は株などで成功した人もいたかもしれませんが、それはむしろ例外でいかに倹約するかが重要でした。今後は、インフレで現金資産が目減りしていくことを考えると、少なくとも株式資産を持つことは必要になります。このことは米国で株を持っているか、持っていないかが資産形成上で大きな差となっていることを見れば明らかです。つまり株は儲けるためのものから、貯めた資産の価値を守るためのものとして、必要不可欠なものとなるでしょう。将来いくら必要という話がこれまでもありましたが、インフレの世界では将来いくら必要かはインフレ率次第であり分かりません。ただ、現在保有しているお金をインフレ並みの利回りで運用できれば、資産価値は変わらないので、保有資産をインフレ並みには回すということが必要になるわけです。このような発想の転換を本書で伝えることができていれば幸いです。

　さて、そのような中、絶妙なタイミングで新NISAが始まりました。多くの人がこの機会を捉えて資産運用を開始しているようです。よく言われていることですが、資産形成のために必要なのは長期・積立・分散です。しかし、少し心配なのは、最近のNISAに関する記載を見ていると、基本的には今最高値にある株式市場の過去リターンを前提に語られていることです。私もNISAという制度の特徴を考えると、低コスト、無分配、市場環境が変わっても継続的に積み立てることができる株式のインデックスファンドは優れていると思います。しかし、当然、全ての資産を株式で持つのはリスクが高過ぎ、NISAという枠だけで全ての資産運用を考えるのは危険です。NISAという枠と、その他の証券口座、銀行預金、年金などをどのように組み合わせ、資産を管理していけばよいのかを学んでいってください。

　最後に、日本人はやや日本を軽視し過ぎているのではないかという不安を

挙げておきます。私たちは日本で生活をしています。そのため、日本の物価に連動する資産を持っているということは極めて重要です。低成長で高齢化が進む日本から成長が続く海外へという考えは分かりますが、本来は海外の株式が割高なのか割安なのかという判断が必要です。成長をしているというのは重要なことですが、それだけでは投資を決めるのに十分ではないのです。

　また、とにかく早く始めた方がよいという考え方にも不安を感じます。たしかに若い人たちは、途中失敗があっても、それを勉強として受け止めることができますので、淡々と積み立てるというのもいいでしょう。勉強は早く始めた者が有利です。しかし、取り崩しが始まる、あるいはその時期が近付いている人たちはどうでしょう。株式資産は経済変動によって、常に暴落のリスクがあります。翌年半分になっても耐えることができるか、淡々と積み立てを続けることができるかは考えておく必要があります。そのような局面に慣れるためにも、若い人は早く始めて、貯めた資産が激減することがあると身をもって実感することが重要なのですが、それが今後の生活に直結してしまう人たちは別です。少なくとも数年間株価が低迷して戻らなくても生活に困らない額を準備した上で、余った額の中から投資するのが健全でしょう。

　中には一時的でも損が出る可能性があるものには投資したくない人もいるでしょう。しかし残念ながらインフレの世界では何もしないと毎年目に見えない損（資産の実質的な価値の低下）が出ることになります。本書を書きながら、この不都合な事実に向き合うことが不可欠な時代に入ったことを改めて実感しました。

　「世界標準の資産の増やし方」の企画を、こうして書籍という形で多くの方に広める機会をいただいた、東洋経済新報社の岡田光司さん、執筆協力をしてくださったFPの花輪陽子さん、データを提供してくださったシンガポールのマルチファミリーオフィスのトリレイク・パートナーの皆様には、

この場を借りて、心から感謝を申し上げます。シンガポール時代に知り合った花輪さんが、最近のファミリーオフィスや投資家の傾向を私に話してくれたことがきっかけで、日本における個人の資産運用の現状に対する問題意識を持ちました。ファンドマネージャーとして、多くの外国人顧客のお金を扱ってきた私と、スイス系のファミリーオフィスで富裕層向けにコンサルティングをしている花輪さんと議論をしている間にこの企画が生まれました。

　この本を最後までお読みいただいた皆さんには、日本でインフレが継続しても、将来株価が暴落したとしても、自分の資産を防衛して、豊かに、幸せに暮らしていただければと思います。

　2024年7月

河北博光

note での情報発信について

　本書と連動した note での情報発信について、少しだけご説明させていただきたいと思います。

　本書の中で、長期で資産形成をしたい投資家のみなさんは過度に日々の投資情報を集めるのではなく、少し相場から離れたスタンスで経済の大局観を掴むことが重要であることを強調しています。しかしながら、いったいどのような情報をどのように解釈して理解すればよいのか、何から勉強を始めればよいのか分からないという方も多いのではないでしょうか。

　経済は日々変化し、投資技術も日々進化します。その中には日々のノイズやその時の流行のようなものもあれば、大きな変化として考えておくべきものや不変の真理のようなものもあります。それらについて私が考えていることをアップデートしながら、読者の皆さんの投資リテラシーの向上に少しでもお役に立てればという視点から本書の発売に合わせる形で連載を開始させていただきます。基本的に次の5つの内容を定期的に更新していくつもりですので、是非ご活用ください。

1. 最近の経済ニュースから考える

　最近の経済ニュースの中から長期投資につながりそうなテーマを選んで解説します。よく接するテーマもあるでしょうし、あまり気にしていなかったテーマもあるかもしれません。日々のテーマをどのように長期の変化の兆候として捉えていくのかのヒントにしていただければと思います。

2. 長期投資家のための株式投資の基本

　長期投資を行うための株式投資の基本を解説します。本書では株式投資の技術的な部分には踏み込んでいませんが、ここではできるだけ分かり易くかつ実践的な方法を解説します。私の投資スタイルだけでなく様々な投資方法を説明するつもりですので、皆さん1人ひとりに合った投資手法を見つけてください。

3. 資産運用ビジネスの論点

　資産運用を取り巻く環境の変化や今世界の機関投資家が何を考え、何を目指しているのかなどを説明します。このような話は普段あまり聞くことがないのではないかと思います。少し高度な内容もあるかもしれませんが、今ある商品や機関投資家の動きの背景にある考え方などを理解できるようになることを目指します。

このような知識があると皆さんが金融商品を選ぶ時のヒントになると考えます。

4.　花輪さんと語る今どきの資産形成

　ここは具体的に今どきの資産形成に関して、FP の花輪陽子さんが最近受けた質問の中から典型的なものを取り上げようと考えています。本書の第 4 章にあたる部分の拡張版と考えてください。花輪陽子さんも独自に note（https://note.com/yokohanawa）と、メンバーシップ「FP 花輪陽子の世界標準のお金のレッスン」も行っています（https://note.com/yokohanawa/membership）。こちらのメンバーシップでは、コラムで学べたり、インフレと運用益を考慮したキャッシュフロー表（エクセル）等のツールがダウンロードできたりします。それぞれの note で、コラボ企画なども考えていきます。

5.　レジェンド投資家と現在の市場環境を語る

　私のファンドマネージャーネットワークの中から現在の市場環境についてどのように考えているか、今何を考えて相場と対峙しているのかをざっくばらんに話します。市場解説ではなく、元ファンドマネージャーの生の声を伝えます。

　本書のスタンスもそうですが、私が発信する情報はいきなり「正解」を示すものではありません。なぜならば、多くの投資に関する情報が安易に結論を断定的に伝えるものが多く、結論の背景を正確に理解しない情報収集は有害であると考えているからです。

　例えば、金利と株価といった基礎的な事項でも、「金利が上がれば、株価は〇〇」とか、「高金利の時には、株価は〇〇」とかいった理解はするべきではないと私は考えています。なぜそうなるのかが分かっていると、今回はどうかが分かりますし、変化が起こった際にもすぐに自分のスタンスを見直すことができます。本書で基本を学んでいただき、私が連載する note で現状のアップデートを行いながら多面的に投資への理解を深めていってもらえれば幸いです。

河北博光（ファンドマネージャー）さんの
QR コード

花輪陽子（FP @シンガポール、経営者）さんの
QR コード

【著者紹介】

河北博光（かわきた　ひろみつ）

ユナイテッド・マネージャーズ・ジャパン株式会社シニアポートフォリオマネージャー（日本証券アナリスト協会検定会員、国際公認投資アナリスト）。1993年日本生命保険相互会社入社後、同社資産運用部門、ニッセイ投資顧問株式会社（現ニッセイアセットマネジメント株式会社）にて主に日本株ファンドマネージャー業務に従事、2009年から2013年には同社旗艦ファンドの運用責任者。シンガポールのAPSアセット・マネジメント日本株CIO等を経て現職。2019年Citywire Asiaが選ぶベスト日本株マネージャー10名の1人にも選出される。ニッセイアセット時代に派遣された米国有数の機関投資家であるボストンのパトナム・インベストメンツ、シンガポールで世界的なアセットオーナーを顧客に持つ独立系運用会社であるAPSアセットマネジメントでの運用経験から海外投資家を直接知る数少ない日本株ファンドマネージャーの1人。著書に『株主に響くコーポレートガバナンス・コードの実務』（共著、同文舘出版）がある。

【執筆協力者紹介】

花輪陽子（はなわ　ようこ）

1級ファイナンシャル・プランニング技能士（国家資格）、CFP®認定者。外資系投資銀行を経てFPとして独立。「ホンマでっか!? TV」等テレビ出演、講演も多数。2015年から生活の拠点をシンガポールに移し、シンガポールのファミリーオフィス等でウェルスマネジメントに従事。『少子高齢化でも老後不安ゼロ シンガポールで見た日本の未来理想図』（講談社プラスアルファ新書）、『ジム・ロジャーズ 大予測』『世界大異変』（共に東洋経済新報社）など著書・訳書多数。海外に住んでいる日本人のお金に関する悩みを解消するサイトも運営。noteメンバーシップ「FP花輪陽子の世界標準のお金のレッスン」を執筆中。

世界標準の資産の増やし方
豊かに生きるための投資の大原則

2024年9月3日発行

著　者————河北博光
執筆協力者——花輪陽子
発行者————田北浩章
発行所————東洋経済新報社
　　　　　　〒103-8345　東京都中央区日本橋本石町1-2-1
　　　　　　電話＝東洋経済コールセンター　03(6386)1040
　　　　　　https://toyokeizai.net/

装　丁…………石間　淳
ＤＴＰ…………アイシーエム
印刷・製本……丸井工文社
編集協力………パプリカ商店
編集担当………岡田光司

©2024 Kawakita Hiromitsu　　Printed in Japan　　ISBN 978-4-492-73369-1